Schöningh
westermann

EinFach
Deutsch

Germanische und deutsche Sagen

Neubearbeitet von
Sebastian Schulz

Herausgegeben von
Johannes Diekhans

Bildnachweis

|akg-images GmbH, Berlin: 22, 109, 119, 137; Forman, Werner 11. |Bildagentur Schapowalow, Hamburg: SIME/Saffo, Alessandro 145. |bpk-Bildagentur, Berlin: 112, 138. |Domke, Franz-Josef, Hannover: 100. |F1online, Frankfurt/M.: W. Otto 144. |fotolia.com, New York: DOC RABE Media 104. |Friedrich Wilhelm Murnau Stiftung, Wiesbaden: 51, 52, 52, 53, 53, 54, 54. |Kern, Wolfgang, Ginsheim-Gustavsburg: 101. |Picture-Alliance GmbH, Frankfurt/M.: akg-images 86.

© 2014 Bildungshaus Schulbuchverlage
 Westermann Schroedel Diesterweg Schöningh Winklers GmbH,
Georg-Westermann-Allee 66, 38104 Braunschweig
service@westermann.de, www.westermann.de

Druck A^4 / Jahr 2025
Alle Drucke der Serie A sind im Unterricht parallel verwendbar.

Umschlaggestaltung: Jennifer Kirchhof
Druck und Bindung: Westermann Druck Zwickau GmbH,
Crimmitschauer Straße 43, 08058 Zwickau

ISBN 978-3-14-**022604**-2

Germanische und deutsche Sagen

Vorwort

Bewusst oder unbewusst: Deutsche und germanische Sagen sind in den Köpfen heutiger Leserinnen und Leser: Ob es um germanische Götter wie Thor oder Odin, die in modernen Filmen oder auch in moderner Musik präsent sind, um Parzival, die Nibelungen und Siegfried, den Drachentöter, um Claus Störtebeker oder um Sagengestalten wie Dr. Faustus geht – es gibt zahlreiche Verknüpfungspunkte.

Gerade in der Tatsache, dass die hier gesammelten Sageninhalte immer wieder auch in zeitgenössischen medialen Produkten verarbeitet werden, zeigt sich die Aktualität der Themen, die auch heutigen Lesern und Leserinnen zugänglich gemacht werden soll. Deshalb wurde die vorliegende Textausgabe neu bearbeitet, editiert und mit zahlreichen Fußnoten versehen, die besonders auch jungen Menschen das Verständnis und den Zugang erleichtern.

Die Textauswahl im Teil „Götter- und Heldensagen" folgt der Ausgabe von Elsbeth Schulte-Goecke (1957). Der Begriff der Sage geht aber über die „Götter- und Heldensagen" hinaus. Der zweite Teil „Volkssagen" beruht auf der Auswahl von Widar Lehnemann (1999) und umfasst deutsches Sagengut: z. B. gruselige Geschichten um den Wasserneck oder Hackelbergs Hund; aber auch die Sage um den Hamelner Rattenfänger oder die Sagengestalt des Doktor Faustus sind in dieser Sammlung erhalten.

Die Auswahl umfasst einen großen Zeitraum deutscher Sagendichtung. Angefangen bei der Völkerwanderungszeit, auf die sich die Heldenlieder der „Edda" beziehen, und fortgeführt mit den bekannten mittelalterlichen Sagen der Nibelungen und des Parzival, findet die Textsammlung ihren Abschluss in den Sagen der Neuzeit. Speziell die neuzeitlichen Geistersagen rahmen die Textauswahl zeitlich ein; in ihnen lebt der Glaube an germanische Gottheiten und Weltanschauungen weiter, der mit der Verbreitung des Christentums im Mittelalter nur scheinbar verloren gegangen war. Konkrete Bezüge historischer Sagen (Ruinen, Türme, Felsen usw.) finden sich noch heute, wie das Beispiel des Binger Mäuseturms zeigt. So liegt es nahe, dass auch Ideen zu eigenen Schreibpro-jekten in dieser Ausgabe gegeben werden.

Die Texte sind teilweise mit Bildern illustriert, um die Leserinnen und Leser zu eigenen Ideen und Interpretationen anzuregen und das erzählte Geschehen zu veranschaulichen.

1. Götter- und Heldensagen

Göttersagen

Von der Welt Anfang

Erde und Himmel waren noch nicht geschaffen, es gab nicht
Sand noch See noch salzige Wogen, die Sonne kannte ihre Säle
nicht, die Sterne hatten keine Stätte und der Mond hatte keine
Bahn. Im Norden lag ein eisig kaltes Nebelland, das hieß Nifl-
5 heim, doch im Süden, in Muspellsheim, war es glühend heiß. In
der Mitte aber gähnte ein Abgrund, in den flossen salzige Eisströ-
me aus Niflheim, doch die feurigen Winde aus Muspellsheim
schmolzen das Eis. In dem Abgrund hauste der Riese Ymir mit
seinen Nachkommen und einer Kuh, Audumla genannt.
10 Eines Tages, als die Kuh das salzige Eis beleckte, denn weil es
nirgends Gras gab, ernährte sie sich auf diese Weise, kamen die
Haare eines Mannes zum Vorschein. Audumla leckte immerzu
mit ihrer großen, rauen Zunge und siehe: Da erschien am zweiten Tag ein Kopf und am dritten Tag hatte Audumla einen ganzen
15 Mann aus dem Eis herausgeleckt. Es war Bur und er war der Vater
der drei Asen[1]: Odin, Wili und We.
Die Burssöhne aber erschlugen den Riesen Ymir und schufen aus
seinem gewaltigen Leib die Erde. Die Felsen, das sind Ymirs Kno-
chen und Zähne; das Meer, das ist Ymirs Blut. Aus Ymirs Schädel
20 bauten die Asen das Himmelsgewölbe. Sie holten Funken aus
Muspellsheim und setzten sie als Gestirne ans Gewölbe und
zeichneten Sonne, Mond und Sternen ihre Bahnen vor und wähl-
ten Namen für Sommer und Winter, für Tag und Nacht, Morgen
und Abend. Die Erde aber nannten sie Midgard. Aus zwei Bäu-
25 men schufen sie das erste Menschenpaar, aus einer Esche den
Mann, aus einer Ulme das Weib. Die wohnten fortan in Midgard
und von ihnen stammten die Menschen ab.
Rings um Midgard aber, in Utgard, siedelten sich die Nachkommen Ymirs, des erschlagenen Riesen, an. Sie sind dem Werke der

---

[1] das jüngere Göttergeschlecht in der nordischen Mythologie

Götter feind und bedrohen und gefährden es, wo immer sie können, bis auf den heutigen Tag mit Eis und Sturm und Hagelwetter.

Als die Asen nun Himmel und Erde geschaffen hatten, da bauten
5 sie sich genau in der Mitte der Welt, in Asgard[1], ihre eigenen Wohnungen. Aus Speeren errichteten sie das Sparrengerüst der riesigen, vieltorigen Hallen und deckten sie mit goldenen Schilden. In der größten und prächtigsten Halle steht der Hochsitz Odins[2] oder Wodans, des höchsten Gottes, und seiner Gemahlin
10 Frigg oder Freia. Von hier aus überblickt Odin die ganze Welt. Seine Raben Hugin und Munin bringen ihm Kunde von allem, was auf Midgard geschieht. Wenn ein Schlachtruf über die Erde dröhnt, wenn Schwerter klirren und Schilde krachen, dann sendet Odin seine Walküren[3] hinunter zur Walstatt[4], die Helden, de-
15 nen bestimmt ist, im Kampfe zu fallen, ehrenvoll nach Walhall[5] zu geleiten. Von nun an sitzen die tapferen Streiter mit an der Tafel der Götter, trinken mit ihnen den köstlichen Met[6] und schmausen mit ihnen den würzigen Eberbraten und messen sich täglich mit ihnen in tüchtigem Kampfe. Sie schlagen sich rote
20 Wunden, doch die Wunden schmerzen nicht, sondern heilen von selbst wieder.

In der Mitte von Asgard steht am Urdbrunnen die riesige Esche Yggdrasil. Ihre Krone reicht hoch über das Himmelsgewölbe hinaus und ihre Äste breitet sie über die ganze weite Welt. Sie grünt
25 immerfort, im Sommer wie im Winter, und aus ihrem Gezweig kommt der Tau, der in die Täler fällt. An dem Brunnen, der beim Baume liegt, wohnen Urd, Werdandi und Skuld, die Nornen, vielkundige Frauen. Sie sind es, die den Menschen das Schicksal bereiten, sie rufen uns ins Leben hinein, sie teilen jedem Menschen
30 sein Geschick zu und sie tun es ungleich. Dem einen gewähren

---

1 Welt der Götter in der nordischen Mythologie
2 Hauptgott der nordischen Mythologie; Göttervater, Kriegs- und Totengott
3 Schlachtenjungfrau, die die Gefallenen zu Odin nach Walhall geleitet
4 Schlachtfeld
5 Walhall(a): Halle, in die die Gefallenen kommen
6 Honigwein

sie Gesundheit, Schönheit, Reichtum, Glück, Ruhm und langes Leben. Dem andern aber schicken sie Krankheit, Mangel, Schuld, Sorge, Not und frühen Tod.

Die Wurzeln Yggdrasils decken sowohl Mimirs Brunnen wie das Reich der Hel. Demjenigen, der einen Trunk aus Mimirs Brunnen tut, entschleiern sich die Geheimnisse der Zukunft und alles Verborgene wird ihm kund. Hels Reich aber ist das Reich des Gewesenen, zu ihr kommen die Toten, die nicht erlesen sind, den Schwerttod zu sterben.

Doch Yggdrasil wird nicht ewig grünen. Nidhogg, der Drache, nagt an den Wurzeln des Weltenbaumes und es wird der Tag kommen, da wird Yggdrasil zitternd stehen. Dann werden die Welt und die Götter, die Riesen und die Menschen untergehen.

Wie Thor seinen Hammer wiederholte

Das besondere Kennzeichen des Gottes Thor oder Donar ist sein großer schwerer Hammer, der jedes Ziel trifft, nach dem er geworfen wird, und immer von selbst in die Hand des Besitzers zurückkehrt. Eines Morgens, als Thor erwachte, vermisste er seinen Hammer. Er ließ ganz Asgard durchsuchen, aber seine geliebte Waffe war nirgends zu finden. Thor geriet außer sich vor Zorn. Wild schüttelte er sein Haar und raufte sich den Bart. Loki[1], der listenreiche und verschlagene Gott, aber sprach: „Wenn er in Asgard nicht aufzufinden ist, dann haben die Riesen ihn gestohlen. Ich will einmal bei ihnen nachsehen." Loki lieh sich von Frigg ihr schimmerndes Federgewand und erhob sich rauschend in die Lüfte. Es dauerte nicht lange, so war er im Lande der Riesen. Thrym, der König der Riesen, saß auf einem Hügel, legte seinen Hunden goldene Halsbänder an und kämmte seinen Pferden die Mähnen glatt. „Was gibt's bei den Asen? Was führt dich ins Riesenland?", fragte er Loki. Dieser antwortete: „Schlimm geht's den Asen." „Das glaub ich", erwiderte der Riese, „ich hab nämlich den Hammer Thors und halte ihn verborgen acht Meilen unter der Erde. Und dass ihr es nur wisst: Ihr bekommt ihn niemals wieder,

---

[1] Sohn des Farbanti und der Laufey

es sei denn, ihr gebt mir Frigg zur Frau." Loki flog nach Asgard
zurück und meldete den Göttern Thryms Botschaft. Gemeinsam
schritten sie zur schönen Frigg. Als die aber von Thryms Verlangen hörte, schrie sie vor Scham und Zorn so laut, dass ihre kost-
5 bare Halskette in lauter Stücke zersprang.
Danach versammelten sich alle Götter und Göttinnen auf dem
Thingplatz[1] und berieten, wie sie den Hammer wieder bekämen.
Heimdall[2] schlug vor: „Wir wollen Thor als Braut verkleiden, wir
umhüllen ihn mit dem Brautschleier, wir legen ihm Friggs
10 Schmuck an und auch das Haar türmen wir ihm nach Friggs Art."
Da brauste aber Thor, der trotzig-starke, zornig auf: „Was?", schrie
er, „ich soll mich putzen lassen wie ein Weib? Ich lasse mich nicht
zum Gespött in Asgard machen!" „Wie du willst", antwortete Loki,
„aber wenn du den Hammer nicht wiederbekommst, werden die
15 Riesen bald in Asgard herrschen!" Darauf fügte sich Thor. Loki
verkleidete sich als Dienerin und begleitete Thor ins Land der
Riesen.
Thrym war außer sich vor Freude, als ihm die Ankunft der Braut
gemeldet wurde. Er ließ die Halle festlich schmücken, die fettes-
20 ten Ochsen schlachten und Kannen mit schäumendem Met auf-
tragen. Das Fest begann. Thrym saß überglücklich an der Seite
der vermeintlichen Braut. Diese aß allein einen ganzen Ochsen,
acht Lachse, sämtliches Backwerk, das die Riesinnen auftrugen,
und dazu trank sie drei Tonnen Met. Da machte Thrym große
25 Augen. Die vermeintliche Magd aber erklärte Thrym: „Acht Tage
lang hat Frigg nicht gegessen, so sehr sehnte sie sich nach dir."
Das hörte Thrym gerne und nun wollte er den Schleier ein wenig
lüften, um das Gesicht der geliebten Braut zu sehen, doch ent-
setzt prallte er zurück. „Furchtbar sind Friggs Augen: Wie Feuer
30 flammt es aus ihrem Blick!", rief er. Wieder sprach Loki: „Acht
Nächte lang schloss Frigg kein Auge, so heiß war ihr Verlangen
nach dir." Da freute sich Thrym und befahl: „Bringt den Hammer
und legt ihn meiner Braut in den Schoß und weiht unseren
Bund."

---

[1] Platz der Volks- und Gerichtsversammlung
[2] der Wächter der Götter

Da lachte Thor das Herz im Leibe, als er den Hammer wiedersah. Er schleuderte ihn gegen Thrym und zerschmetterte ihm das Haupt. Danach erschlug er sämtliche Riesen, deren er habhaft werden konnte. So holte Thor seinen Hammer zurück.

Thorshammer aus der Wikingerzeit

Baldurs Tod

Baldur, Odins Sohn, hatte böse Träume von Mord und Tod. Die Göttinnen und Götter eilten zum Rat; Odin aber erhob sich, legte Sleipnir[1], seinem schnellen Ross, den Sattel auf und ritt hernieder in das Land der Hel[2]. An der Grenze schoss ein Hund mit blutiger
5 Brust heulend auf ihn zu. Doch Odin ritt weiter, dass der Weg dröhnte. So kam er vor das hohe Haus der Hel. Er sang ihr ein Wecklied. Unwillig erhob sie sich da. „Für wen habt ihr die Halle so festlich geschmückt, für wen habt ihr die Bänke mit Gold bestreut, für wen steht der Met in den Krügen bereit?", fragte Odin.
10 „Baldur ist es, den wir erwarten, für ihn bereiteten wir den schim-

---

[1] das achtbeinige Ross Odins
[2] Göttin der Unterwelt, Tochter Lokis

mernden Trank, für ihn bekränzten wir die Sitze. Widerwillig
sprach ich, nun lass mich schweigen", antwortete Hel. „Schweig
nicht", bat Odin, „ich muss alles wissen. Wer ist es, der Baldurs
Blut vergießen wird?" „Hödur[1] wird ihn töten, widerwillig sprach
5 ich, nun lass mich schweigen. Reite heimwärts und künftig
komme mir keiner mehr nah, bis sich euer aller Schicksal erfüllt
hat."

Traurig brachte Odin diese Antwort nach Asgard. Aber Frigg, Baldurs Mutter, hoffte dennoch, das Unheil von ihrem geliebten Soh-
10 ne abwenden zu können. Sie ging zu allen Wesen: Tieren, Pflan-
zen, Steinen, Wasser, Feuer, Erde und Luft und nahm von ihnen
einen Eid, dass sie Baldur nichts zuleide tun wollten.

Als dies geschehen war, veranstalteten die Götter ein großes Fest.
Sie stellten Baldur in ihrer Mitte auf und schossen nach ihm mit
15 Speeren und Pfeilen, hieben mit Schwertern auf ihn ein und be-
warfen ihn mit Steinen. Aber was sie auch taten, es schadete ihm
nichts. Darüber herrschte bei den Göttern großer Jubel. Nur Loki
gefiel es übel, dass nichts dem Baldur schadete. Er nahm die Gestalt eines alten Weibes an, ging zu Frigg und fragte, wie es
20 komme, dass nichts den Baldur verletze. Da erzählte Frigg stolz,
wie sie allen Wesen Eide abgenommen habe, dass sie Baldur
nichts zuleide tun würden. Listig fragte Loki: „Haben wirklich alle
Dinge geschworen, Baldur zu schonen?" Da erwiderte Frigg:
„Westlich von Walhall wächst ein Baumschössling, Mistel ge-
25 nannt, die habe ich nicht schwören lassen, weil sie mir zu jung
und unbedeutend ist. Von der haben wir nichts zu fürchten."

Da machte sich Loki eilends fort, ergriff den Mistelzweig, schnitz-
te daraus einen spitzen Pfeil und ging damit zum Festplatz. Ab-
seits von den übrigen Göttern stand der blinde Hödur. Loki sagte
30 zu ihm: „Warum schießt du denn nicht auch auf Baldur?" „Meine
Augen können das Ziel nicht sehen. Auch habe ich keine Waffe",
erwiderte Hödur. „Das tut nichts", antwortete Loki. „Nimm nur
den Bogen und versuch es auch einmal, ich werde dem Pfeil die
Richtung geben." Hödur nahm den Bogen, zielte nach Lokis An-

---

[1] Zwillingsbruder von Balder und Sohn von Odin und Frigg

weisung und tödlich getroffen sank Baldur, der lichteste und freundlichste der Götter, zu Boden.

Dies war die unglücklichste Tat, die je getan ward bei Göttern und Menschen. Entsetzen packte die Asen, die Sprache versagte ihnen, kraftlos sanken ihnen die Hände herab, starr standen sie an der Leiche Baldurs, der ihrer aller Liebling gewesen war. Als sie zu reden versuchten, kam ihnen das Weinen.

Endlich raffte sich Frigg zusammen und fragte, wer unter den Asen allen sich ihre Gunst und Huld erwerben wolle, der möge doch den Helweg[1] reiten und der Hel Lösegeld bieten, ob sie Baldur wolle nach Asgard heimziehen lassen. Hermod[2], der kühne, erbot sich zu diesem Ritt.

Die Asen schafften Baldurs Leiche ans Meer. Auf einem großen Schiff ward ein Holzstoß errichtet. Dann ward Baldurs Leiche mitsamt seinem Ross und Sattelzeug auf das Schiff gebracht. Als Nana, Baldurs Gemahlin, das sah, zersprang ihr das Herz vor Leid und sie starb ihrem Gatten nach. Sie wurde auf den Scheiterhaufen neben den geliebten Mann gelegt, dann wurde das Schiff angezündet. Langsam löste es sich vom Ufer und fuhr auf das offene Meer hinaus. Noch lange sah man den lodernden Flammenschein.

Unterdes war Hermod neun Tage und neun Nächte geritten und kam an die goldene Brücke, die in das Totenreich hinüberführt. Die Wächterin Modgund fuhr erschreckt auf, als sie den donnernden Hufschlag hörte. „Gestern", sprach sie, „ritt Baldur mit fünfhundert Begleitern über die Brücke, aber sie dröhnte nicht so als jetzt, wo du allein darüberreitest." Hermod kam zum Helgatter. Mit einem mächtigen Satz übersprang er mit seinem Ross die Pforte. Dann ging er hinein in die Halle. Da sah er auf dem Hochsitz seinen Bruder Baldur und neben ihm Nana, seine Gemahlin. Hermod berichtete, welch großes Wehklagen bei den Asen sei, und bat Hel, sie möchte Baldur herausgeben. Da antwortete Hel: „Wenn alle Dinge in der Welt, lebendige und tote, ihn beweinen, dann soll er zu den Asen heimkehren, dagegen bei Hel bleiben, wenn auch nur irgendeiner sich weigert und nicht wei-

---

[1] Weg in die Unterwelt, das Reich der Toten
[2] der Götterbote

nen will." Da stand Hermod auf und Baldur begleitete ihn zur Halle hinaus und blickte ihm nach mit leeren, traurigen Augen. Hermod aber kam nach Asgard und berichtete alles, was er gesehen und gehört hatte.

5 Darauf sandten die Asen Boten aus in alle Welt, um zu fordern, dass Baldur beweint werde. Alle hatten den strahlenden Gott geliebt und weinten: Götter und Riesen, Menschen und Tiere, Bäume und Blumen, blinkendes Erz und selbst das harte Gestein. Da war kein Geschöpf, das nicht um Baldur Tränen vergoss. Schon
10 ritten Boten zur Hel, ihr die frohe Botschaft zu bringen, da fanden sie unterwegs in einer Höhle ein grämliches Riesenweib hocken. Sie forderten es auf, um Baldur zu weinen. Das Weib aber weigerte sich und sprach: „Wieso denn? Mir brachte Baldur weder im Leben noch im Tode Nutzen. Meinetwegen mag Hel behalten,
15 was sie hat." Das Weib aber war niemand anders als Loki, der so viel Unheil bei den Asen angerichtet hat.

Von der Welt Ende und Erneuerung

Bevor die Götter und die Welt untergehen, wird die Sonne schwarz werden und es kommt ein langer, langer Winter über die Welt, der dauert drei Jahre. Da wird nicht Frühling noch Sommer, nicht Saat noch Ernte sein. Ein harter Frost lässt alles Leben erfrieren, die
5 Flüsse und Seen erstarren bis auf den Grund. Arg wird die Welt. Die Menschen hungern, Ehebruch, Meineid und Mord zerreißen alle Bande von Mensch zu Mensch. Der Bruder erschlägt den Bruder, der Sohn den Vater. Durch Sumpfströme waten Meineidige und Mordtäter zum Totenstrand; Nidhogg, der Drache, saugt sich
10 voll von den Leibern der Erschlagenen und der Wolf reißt Leichen. Dann kommt die Stunde, da kräht bei den Riesen Fjalar der feuerrote Hahn im Kiefernbusch. Güldenkam weckt die Helden in Heervaters Halle und ein braunroter Hahn kräht im Hause der Hel. Da heult der Höllenhund Garm vor Gnipahellir, der Höhle
15 am Eingang zur Hel, gellend auf. Heimdall, der Wächter an der Himmelsbrücke, stößt ins Horn, das Ende zu verkünden. Da erzittert Yggdrasils Stamm und alles erbebt in der Unterwelt. Riesenheim rast, der Fenriswolf zerreißt die Fesseln und rennt und

verschlingt die Sonne und sein Bruder Garm den Mond. Die
Sterne fallen vom Himmel. Die Midgardschlange[1] bäumt sich auf
im Meer, dass es wild über die Ufer schäumt. Mit feuerflammen-
dem Schwert reitet Surt[2], der Feuerriese, aus Muspellsheim[3] an
5   der Spitze seiner Feuerreiter gegen Asgard.
Odin hat die Götter zum Endkampf versammelt. Da brechen die
Felsen, als die Heere aufeinanderprallen, da fallen die Riesen, die
Menschen müssen Midgard räumen und ziehen zur Hel. Da birst
der Himmel und Länder sinken ins Meer. Odin wird vom Fenris-
10 wolf[4] verschlungen, aber Widar, sein Sohn, tritt mit dem Fuße in
den Unterkiefer des Wolfes, fasst mit den Händen den Oberkiefer
und reißt ihm den Rachen auseinander. Thor fällt, nachdem er
der Midgardschlange das Haupt mit seinem Hammer zerschmet-
tert hat, von ihrem Atem vergiftet, tot zu Boden. Nun schleudert
15 Surt Feuer über die Erde, dass die rote Lohe bis zum Himmel
schlägt, und die ganze Welt verbrennt.
Aber aus dem Meere steigt eine neue Erde auf mit frisch
grünenden Fluren und golden wogenden Ährenfeldern und über
Silber sprühenden Wasserfällen schwebt in blauer Luft der Aar[5].
20 Baldur kehrt heim und mit ihm alle Söhne Odins und Thors. Sie
sprechen miteinander von allem, was einst gewesen ist, und spielen mit den goldenen Tafeln, die sie im Grase wiederfinden. Ein
neuer Saal, sonnenglänzend, wird erbaut zu Gimle[6]. Dort werden
wackere Scharen wohnen. Verbannt in die tiefste, dunkelste
25 Schlucht ist die Midgardschlange, und mit ihr sind Hass und
Neid, Zank und Streit erloschen. Unbesät tragen die Äcker schwere goldene Frucht und Freude und Friede herrschen auf der Erde.

---

[1] eine die Welt umspannende Seeschlange, die zu den germanischen Welt-
feinden gehört, Nachkomme Lokis
[2] Feuerriese und Feind der Asen, der in Muspellsheim herrscht
[3] feuriges Gebiet im Süden der germaniscen Welt
[4] erster Nachkomme Lokis und neben Hel und der Midgardschlange eine
Bedrohung der germanischen Welt
[5] Adler, der für das Gute in der Welt steht, und Gegenpol zu Nidhögg, der
das Böse repräsentiert
[6] das Paradies der nordgermanischen Mythologie

Heldensagen

Die Nibelungen

I. Siegfrieds Tod
Vom Fluch, der auf dem Golde liegt

Odin, Hönir[1] und Loki, die Götter, gingen miteinander über Land.
Da sahen sie auf einer Felsklippe am Rande eines norwegischen
Wasserfalles einen Fischotter liegen, der gierig einen Lachs ver-
speiste. Loki tötete das Tier durch einen Steinwurf. Die Götter
5 luden ihre Beute auf und gingen weiter. Sie kamen an das Gehöft
des zauberkundigen Riesen Hreidmar und baten ihn um ein
Nachtlager. Es wurde ihnen gewährt. Als die Götter schliefen, rief
Hreidmar seine Söhne Regin und Fafnir und sprach zu ihnen:
„Habt ihr den toten Otter gesehen, den unsere Gäste bei sich ha-
10 ben? Das ist niemand anders als Otr, mein Sohn und euer Bruder,
der es liebte, in dieser Gestalt den Lachsen nachzustellen. Nun
hat er von der Hand der Götter ein schlimmes Ende gefunden.
Wir aber wollen Rache für ihn nehmen." Die Riesen gingen an
das Lager der schlafenden Götter und fesselten sie mit unzerreiß-
15 baren Stricken. „Nun sollt ihr euer Leben verlieren", sagte Hreidmar, „denn ihr habt mir meinen Sohn erschlagen." Die Götter
boten den Riesen Buße für den Erschlagenen. Da zog Hreidmar
dem Otter das Fell ab und sprach: „Füllt mir diesen Balg mit Gold,
dass er aufrecht steht, und beschüttet ihn von außen so mit Gold,
20 bis kein Härchen mehr zu sehen ist. Wenn ihr das getan habt,
sollt ihr frei sein. Andernfalls verliert ihr das Leben." „Du ver-
langst Unmögliches", sprach Odin; aber Loki, der Listenreiche,
sagte· „Lasst mich nur machen", und ging in das Land der Nibelungen. Das waren Zwerge, die wohnten in Niflheim am nörd-
25 lichen Rande der Welt und hüteten in den Bergen unermessliche
Schätze. Loki sagte zu Andwari, ihrem König: „Ich brauche den
Schatz, den ihr Nibelungen verborgen haltet. Wenn du ihn nicht
auf der Stelle herausgibst, bringe ich dich um." So gezwungen
führte Andwari den Gott zu dem Schatz. Da lagen Berge von Hel-

---

[1] Begleiter Odins und Lokis, führt kultische Handlungen durch

men, Schalen und Bechern ganz aus rotem Gold. Da flammten purpurne Helmbänder, mit Granat[1] und Edelsteinen besetzt. Da waren Halsringe, Armreifen und Fingerringe aus schmalen Goldbändern, zwischen denen geschliffene Steine: Türkis, Karfunkel, Perlmutter oder Bernstein schimmerten. Da gab es große Fibeln[2], Gürtelschnallen und Gewandnadeln in Form von Tieren: von Adlern und Drachen aus kleinen goldenen Zellen, die mit blitzendem Gestein gefüllt waren. Da gleißten Schwerter mit Griffen aus Gold, besetzt mit kostbaren Steinen. Loki lud den ganzen Schatz in einen riesigen Sack, und als er damit fertig war, sprach er zu Andwari: „Nun sei so gut und gib mir auch noch den Ring, den du am Finger hast." Es war dies nur ein kleiner, unscheinbarer Ring, aber in dem Ring war ein besonderer Zauber. Wer ihn trug, dem wuchs immer neuer Reichtum zu. Der Zwerg wollte den Ring, der mehr wert war als alle anderen Schätze zusammen, nicht abgeben. Aber Loki fasste ihn beim Bart und zwang ihm auch noch den Ring ab. Vor Zorn bebend rief da Andwari einen schrecklichen Fluch über das Gold: „Zum Verderben nahmst du mir den Schatz, zum Verderben den Ring, und wer je ihn besitzt, der soll darum erschlagen werden. Niemand soll Feude haben an dem Gold bis an den Tag, da alles wieder mein ist." Loki aber höhnte: „Fluchen ist die Art der Schwächlinge." Dann nahm er das Gold auf den Rücken, steckte den Ring an den Finger und ging davon. Er brachte das Gold dem Riesen. Der stopfte so viel in den Otterbalg, wie nur hineingehen wollte. Dann bedeckten die Götter den Balg von außen mit Gold. Heidmar ging immer rund um den Balg herum und entdeckte immer noch eine Stelle, an der er noch ein Haar von dem Otter sah, bis der ganze Schatz vertan war und nichts mehr übrig als der Ring an Lokis Finger; den hätte der Riese allzu gern auch noch gehabt. Er sah den Otterbalg von allen Seiten an und endlich entdeckte er noch die Spitze eines Barthaares. Da musste Loki sehr gegen seinen Willen den Ring abgeben, damit die Stelle bedeckt würde. Nun ließ Heidmar die Götter frei. Unter der Türe wandte Loki sich noch einmal um und

---

[1]   braunrotes Mineral, das zu Schmuck verarbeitet wird
[2]   Sicherheitsnadeln der Bronzezeit

sprach zu dem Riesen: „Ich möchte dir nur sagen, dass Andwari einen Fluch auf das Gold legte. Der wird nun über dich kommen als Lohn deiner Habsucht."

„Darum mach du dir keine Sorge", erwiderte Hreidmar, „du ärgerst dich ja bloß über die Buße."

Als die Götter hinweg waren, begann Hreidmar das Gold in eine große Truhe zu legen. Da kamen seine Söhne Regin und Fafnir und wollten auch etwas mithaben. Aber Hreidmar verweigerte es ihnen. Da gingen seine Söhne murrend hinaus und in der Nacht nahm Fafnir ein Beil und erschlug den Vater im Schlaf. Am Morgen sprach Regin zu Fafnir: „Nun lass uns das Gold redlich teilen." Da lachte Fafnir höhnisch: „Das hast du gedacht! Wer hat denn den Mord vollbracht? Ich ganz allein und mir allein gehört der Schatz. Mach, dass du fortkommst, oder es ergeht dir, wie es Hreidmar erging." Da floh Regin. Fafnir aber verwandelte sich in einen bösen Drachen und schleppte das Gold weit fort bis nach Ungarn. Dort verbarg er es auf der Gnitaheide[1] in einer Höhle und deckte es mit seinem Bauche. Regin umschlich die Höhle und sah, dass er allein gegen den Bruder nichts vermochte. Er machte sich auf die Wanderschaft, um einen zu suchen, der keine Furcht kenne.

Wie Siegfried den Drachen erschlug

Regin[2] kam an den Niederrhein ins Land der Franken. Dort herrschte in der Stadt Xanten eine Königin mit Namen Sieglind. Sie war die Witwe des Königs Siegmund. Der stammte aus dem Geschlecht der tapferen, weit berühmten Wölsungen, die ihre Herkunft von Odin selbst ableiteten. Der Sohn Siegmunds und Sieglinds war Siegfried. Er war noch ein Knabe, als Regin an den Hof kam und als Waffenschmied in den Dienst der Königin trat. Nach Knabenart kam Siegfried oft in die Schmiede und schaute Regin bei der Arbeit zu. Einmal gab Regin ihm den Hammer in die Hand und ließ ihn schmieden. Siegfried tat einen einzigen Schlag auf den Amboss, der war so gewaltig, dass der Amboss

---

[1] Sie soll an der oberen Lahn gelegen haben.
[2] Sohn Hreidmars und Bruder des Drachen Fafnir

sogleich tief in den Boden hineinfuhr. Da dachte Regin: „Ich habe den Richtigen gefunden." Eines Tages kam Siegfried und brachte dem Schmied die Stücke eines Schwertes. „Ich fand es in der Kammer meiner Mutter, schmiede es mir wieder zusammen",
5 bat er. Das tat Regin. Es war aber Siegmunds Schwert Balmung, ein Geschenk Odins, das in Siegmunds letztem Kampf zersprungen war. Als Regin die Trümmer zusammengeschmiedet hatte, schlug Siegfried mit dem Schwert auf den Amboss und spaltete ihn. Aber das Schwert hatte nicht die kleinste Scharte. Dann lief
10 der Knabe an den Rhein, hielt das Schwert in den Strom und ließ eine Flocke aus Wolle dagegenschwimmen, da zerschnitt die Schärfe des Schwertes die Wolle.

Da sprach Regin zu Siegfried: „Hast du Mut? Ich weiß eine Tat für einen Helden, der keine Furcht kennt. Auf der Gnitaheide[1] liegt
15 Fafnir, der Drache, auf einem unermesslichen Schatz. Da ist so viel Gold, dass man die ganze Welt dafür kaufen könnte." „Ich kenne keine Furcht", rief Siegfried, „ich will den Drachen töten." Heimlich verließen Regin und Siegfried das Land und zogen ostwärts zur Gnitaheide. Siegfried ritt auf seinem schnellen Ross
20 Grani. Nicht weit von der Höhle, in der Fafnir auf seinem Golde lag, war eine Quelle. Dorthin kroch der Drache jeden Morgen, um zu trinken. Man sah deutlich seine Spur. Mitten auf dem Wege machte Regin eine Grube, Siegfried setzte sich hinein und hielt Balmung auf den Knien. Regin verdeckte die Grube mit Reisig
25 und verbarg sich dann in der Heide. Als der Drache ahnungslos von seiner Höhle zur Tränke kroch und über die Grube fuhr, stieß Siegfried ihm von unten das Schwert in den Leib. Der tödlich getroffene Wurm schlug mit Haupt und Schweif gewaltig um sich, dass die Bäume um ihn her zersplitterten. Flammen spie er aus
30 seinem Munde. Aber es half ihm alles nichts. Als er Siegfried erblickte, der aus der Grube gesprungen war, sprach er zu ihm: „Knabe, der du mich erschlugst, auf dass der Fluch erfüllet werde, höre: Auch dir wird der blutrote Nibelungenhort den Tod brin-

---

[1] die Höhle, in der sich Fafnir niederlässt und durch Siegfried den Tod findet

gen!" Siegfried aber lachte sorglos: „Einmal müssen wir alle sterben. Ich freue mich, dass ich den Schatz erworben habe."

Als Regin von ferne sah, dass Fafnir tot war, kam er eilends heran, schnitt dem Drachen das Herz aus dem Leibe, drückte den Mund
5 an die Wunde und trank das Blut. Dann zündete er ein Feuer an, steckte das Herz an sein Schwert und bat Siegfried: „Brate mir dies Herz, Knabe, und wenn es gar ist, rufe mich, so will ich es essen." Dann legte er sich in den Schatten der Bäume und tat, als ob er schliefe. Aber heimlich bedachte er, wie er Siegfried töten
10 könne; denn er wollte den Schatz allein besitzen.

Siegfried drehte unterdessen arglos das Herz Fafnirs über dem Feuer. Als er dachte, dass es gar wäre, berührte er es mit dem Finger und steckte ihn schnell in den Mund. So kam etwas von dem Herzblut Fafnirs an seine Zunge. Aber das Blut war voll Zau-
15 berkraft und Siegfried verstand plötzlich die Sprache der Vögel. Er hörte, wie die Meisen, die auf einem Baume saßen und ihm zusahen, untereinander sagten: „Da sitzt nun Siegfried und brät Fafnirs Herz. Wenn er gescheit wäre, äße er selbst das Herz und badete im Blute des Drachen." „Und dort liegt Regin und über-
20 legt, wie er Siegfried töte." „Wäre Siegfried so schlau, wie er stark ist, dann käme er Regin zuvor." „Er ist leider noch ein Kind! Ich fürchte, wir sehen ihn erschlagen!" Siegfried aber lachte und rief: „Habt Dank, ihr Vöglein, für euern Rat!" Er sprang hurtig auf und schlug Regin den Kopf ab. Dann aß er Fafnirs Herz und badete in
25 dessen Blut. Überall, wohin das Blut kam, wurde er unverwundbar, dass kein Schwert und kein Speer ihn verletzen konnte. Aber der Wind wehte ein Lindenblatt herüber, es fiel ihm zwischen die Schultern, ohne dass er es merkte, und hielt da das Blut fern. So blieb diese eine Stelle verwundbar.

Wie Siegfried die Tarnkappe gewann

Danach bestieg Siegfried sein Ross und ritt nach Fafnirs[1] Höhle. Aber da saß schon Andwari, der König der Zwerge, und rief: „Schönen Dank, dass du den Räuber erschlagen hast und mir wieder zu dem verholfen hast, was mein ist." Siegfried lachte über

---

[1] Sohn Hreidmars und Bruder Regins

den Zwerg, er wollte ihn beiseite schieben, um den Schatz an sich
zu nehmen. Aber da fiel Andwari ihn wütend an und mit Erstaunen
musste Siegfried feststellen, dass die Kraft vieler Männer in
der kleinen Gestalt wohnte. Es wurde ein wilder Kampf. Aber
5 schließlich erwies sich Siegfried doch als der Stärkere. Als der
Zwerg fühlte, dass seine Kräfte ihn verließen, zog er die Tarnkappe,
die unsichtbar macht, über den Kopf und Siegfried wusste
nicht, wohin sein Feind gekommen war. Andwari griff Siegfried
nun aus dem Unsichtbaren an. Siegfried erwischte ihn aber end-
10 lich, hob ihn, obgleich er ihn nicht sah, vom Boden auf und
schleuderte ihn gegen einen Felsen, dass er wie tot niedersank.
Dabei fiel ihm die Tarnkappe vom Haupt. Da sprach Siegfried:
„Gib mir das Ding, das unsichtbar macht, oder ich spieße dich auf
dieses Schwert." Dabei setzte er ihm die Schwertspitze an den
15 Hals. Da gab ihm Andwari die Tarnkappe. „Hier hast du sie",
sprach er, „wenn du denn durchaus in dein eigenes Verderben
rennen willst." „Mach, dass du fortkommst", sagte Siegfried, „ich
schmiede mir mein Schicksal selber!" Dann drang Siegfried in
die Höhle ein, packte den Nibelungenhort auf sein Ross Grani,
20 steckte den Ring des Nibelungen an seine Hand und ließ ihn fun-
keln im Sonnenglanz. Dann ritt er fröhlich und guter Dinge in die
weite Welt hinein.

Wie Siegfried die Walküre erweckte und sich mit ihr verlobte

Eines Abends sah er in der Ferne ein Licht auf einem Berge. Als
er näher kam, sah er, dass es ein großes Feuer war, das den ganzen
Berg umgab wie einen Zaun. Der Schein der Lohe[1] färbte den
Himmel glutrot; Siegfried ließ Grani einen Anlauf nehmen und
5 sprang in einem gewaltigen Satz durch die Glut. Da lag mitten
auf dem Berge ein schlafender Mann – wie Siegfried meinte – in
voller Rüstung, den Helm auf dem Haupte und die Brünne[2] fest
um die Brust geschnallt. Siegfried dachte: „Das ist unbequem, so
zu schlafen." Er nahm dem Schlafenden den Helm ab, da quollen
10 ihm goldene Locken entgegen und er sah, dass es eine schöne

---

[1] heftig brennende Flamme
[2] mittelalterliche Körperpanzerung

Siegfried erweckt Brünhild

Frau war. Die Brünne war wie angewachsen und wollte sich nicht
lösen lassen. Da zerschnitt er sie mit seinem Schwert und die
Schlafende erwachte. „Wer nahm mir die Brünne? Wer erweckte
mich vom Schlaf?", fragte sie. Siegfried nannte ihr Namen und
5 Herkunft. Da erzählte sie ihm ihre Geschichte: „Brünhild heiße
ich und war einst eine Walküre[1], eine Botin Odins, des Höchsten.
Vor Zeiten sandte er mich auf ein Schlachtfeld, da kämpften ein
Greis und ein Jüngling miteinander. Ich hatte den Auftrag, den
Jüngling zu töten und dem Greis den Sieg zu verleihen. Aber als
10 ich den Jüngling sah, ergriff mich Mitleid mit seiner Jugend. So
tötete ich den Greis wider Odins Willen und gab dem Jüngling
den Sieg. Odin ergrimmte und verstieß mich. Er versenkte mich
in tiefen Schlaf, legte mich auf diesen Berg und setzte ein hohes
Feuer, die Waberlohe, rings um den Berg. „Nun liege und schla-
15 fe", sprach er, „bis sich ein Mann, der die Furcht nicht kennt,
durch dieses Feuer wagt. Dann magst du dieses Mannes Weib
werden und Menschenschicksal erdulden; denn um eine Walküre
zu sein, ist dein Herz zu weich." Siegfried sah sie an und sprach:

---

[1] Schlachtenjungfrau, die die Gefallenen zu Odin in die Walhalla geleitet

„Du gefällst mir!" „Wenn ich unter allen Männern wählen dürfte",
erwiderte Brünhild, „ich würde keinen anderen nehmen als
dich!" Da zog Siegfried den Nibelungenring vom Finger und
steckte ihn Brünhild an. „Bewahre ihn zum Zeichen, dass wir
5 zueinander gehören", sagte er, „ich kann zwar jetzt noch nicht bei
dir bleiben, denn ich muss erst noch die Welt kennenlernen und
kämpfen und streiten nach rechter Mannesart, aber ich schwöre
dir: Ich werde zu dir zurückkehren und dann wirst du meine
Frau." „Ich werde auf dich warten", sagte Brünhild.
10 Nicht lange danach brach Siegfried auf. Er ritt landaus, landein.
Wo immer es galt, einen tüchtigen Männerstreit auszufechten, da
war Siegfried dabei. Er kämpfte stets vornean und bald sangen die
Sänger seinen Ruhm in allen Landen. Siegfried war allzeit fröhlich und guter Dinge. Deshalb nahmen ihn die Leute überall mit
15 Freuden auf. In den Hallen der Fürsten Europas war er ein be-
liebter Gast. Über all dem aber vergaß er Brünhild, die er einmal
in seiner Jugend geliebt hatte. Er dachte nicht mehr daran, dass in
weiter Ferne eine liebende Frau auf ihn wartete.

Siegfried bei den Burgundern

Eines Tages kam Siegfried an den Oberrhein ins Land der Burgunder. In der Stadt Worms stand die stolze Burg des Burgunder-
königs Gunther. Er hatte zwei Brüder, Gernot und Giselher, und
eine Schwester, die hieß Kriemhild. Der Vater der vier Königs-
5 kinder war schon lange tot. Aber ihre Mutter Ute lebte noch mit
ihnen. Viele tapfere Helden dienten dem König: Hagen von Tronje und sein Bruder Dankwart, Ortwin von Metz und Volker von
Alzei und mancher andere. Kurze Zeit, bevor Siegfried nach
Worms kam, hatte die junge Kriemhild einen Traum. Sie träumte,
10 sie hätte einen Falken aufgezogen, wie ihn die Frauen zur Jagd
auf den Händen tragen. Der Falke war ihr sehr lieb. Als er groß
und schön geworden war, da kamen zwei Adler und zerrissen ihn
vor ihren Augen in den Lüften. Kriemhild erwachte. Die Augen
standen ihr voller Tränen. Sie lief sogleich zur Mutter und erzähl-
15 te ihr den Traum. „Was mag er bedeuten?", fragte sie. Frau Ute
sprach: „Der Falke, der dir so lieb war, das ist der Mann, den du
gewinnen wirst. Hüte ihn wohl, dass die Adler ihn dir nicht zer-

reißen. Er wird früh sterben." Kriemhild antwortete: „Alle sagen, dass Liebe am Ende immer Leid bringt. Deshalb will ich keinen Mann nehmen und die Liebe meiden; dann bleibe ich auch vom Leid verschont und schön bis an meinen Tod." „Wenn du keinen Mann nimmst, so wird dir zwar viel Leid erspart bleiben, aber du wirst auch nie so recht von Herzen froh werden. Doch das wird sich alles finden", sprach Frau Ute.

Nicht lange nach diesem Gespräch kam Siegfried als Gast in Gunthers Haus. Die beiden fanden großes Gefallen aneinander und schlossen Blutsbrüderschaft. Während Siegfried in Worms weilte, überfielen die kriegerischen Sachsen und Dänen unter ihren Königen Lüdegast und Lüdeger das Land König Gunthers. Wenn Siegfried damals nicht beim Heere Gunthers gewesen wäre, so wäre der Burgunder Land ein Raub der Feinde geworden. Siegfried nahm nach heißem Kampf den König Lüdegast gefangen, und als König Lüdeger Siegfrieds Übermacht erkannte, legte auch er die Waffen nieder und gab sich mit seinem Heer in Siegfrieds Gewalt.

„König Siegfried hat uns errettet", jubelten die Wormser, als Siegfried an der Spitze des siegreichen Heeres in die Stadt einritt. Und als er in den Burghof kam, da trat Kriemhild mit einer erlesenen Schar schönster, edelster Frauen aus ihrer Kemenate[1]. Die Königstochter glänzte vor den anderen Frauen wie der Vollmond, der vor den Sternen schwebt. Sie schritt auf den strahlenden Siegfried zu, und als sie vor ihm stand, da erglühten ihre Wangen. Sie neigte sich und sprach: „Hab Dank für alles, was du für meinen Bruder und unser Land getan hast." Dann nahm sie ihn bei der Hand und führte ihn in den Saal, wo ein großes Siegesfest gefeiert wurde. Alle sagten, dass man ein schöneres Paar auf Erden nie gesehen habe. Noch nie in seinem ganzen bisherigen Leben, weder in des Sommers Zeiten noch in des Maien Tagen, war Siegfrieds Herz so voller Freude gewesen wie zu dieser Stunde.

Als die Gesellschaft bei Tische saß, traten fahrende Sänger auf. Sie erzählten von einer Königin, die fern über dem Meer im hohen Norden auf der Insel Island wohne. Sie habe ein weites Land,

---

[1] Frauengemach

ein! Heer von Helden und große Schätze. Aber das Beste von
allem sei sie selbst. Die Sänger priesen ihre Schönheit so, dass
alle Männer von Sehnsucht nach ihr ergriffen wurden, nur Siegfried nicht; denn der saß neben Kriemhild und hatte nur Augen
5 und Ohren für sie. Die Frau, von der die Fremden sangen, aber
war niemand anders als Brünhild, der sich Siegfried einst mit
dem Nibelungenring verlobt hatte. „Sie will nur dem als Gattin
folgen, der stärker ist als sie selbst und sie im Zweikampf über-
windet", so erzählten die Fremden weiter. Da erhob sich König
10 Gunther und rief seinen Recken zu: „Ihr habt mir so oft gesagt, es
sei an der Zeit, dass ich eine Frau nehme und dem Lande eine
Königin gebe. So hört denn: Ich bin entschlossen, Brünhild zur
Frau zu gewinnen!" Da horchte Siegfried auf und sagte: „Lass dir
das nicht in den Sinn kommen, das ist kein Weib wie andere Wei-
15 ber. Das ist eine Walküre mit übermenschlichen Kräften." „Du
scheinst sie zu kennen", sagte Gunther, „willst du uns nicht die
Wege zu ihr weisen und uns helfen, sie zu gewinnen?" „Wenn du
mir deine Schwester gibst, so will ich es tun", sprach Siegfried.
„Wenn Brünhild mein ist, soll Kriemhild dein Eigen werden", er-
20 widerte König Gunther.

Wie Brünhild betrogen wurde

Siegfried drängte, dass man sich sofort auf den Weg mache. Gunther, Siegfried, Hagen und sein Bruder Dankwart stiegen in ein
Schiff, fuhren den Rhein hinunter, an der Ostküste Englands vorbei, zwischen Orkney- und Shetlandinseln hindurch und kamen
5 endlich an den Strand von Island und vor Brünhilds hohes
Schloss. Brünhilds Frauen beobachteten vom Fenster der Halle
aus die Ankunft der Recken[1]. Da sprang eine der Frauen auf, lief
zu Brünhild und verkündete ihr: „Siegfried ist gekommen!" Freu-
destrahlend eilte Brünhild dem so lange und sehnlichst erwar-
10 teten Manne entgegen. „Endlich bist du da", rief sie und streckte
die Arme nach ihm aus. Siegfried aber trat zurück, sah sie fremd
an, verneigte sich kühl und höflich und sagte: „Nicht ich komme
zu euch, Herrin, nicht mir gelte euer erster Gruß. Hier ist Gunther, mein König, dem ich diene, der will euch zum Weibe ha-
15 ben!"

Da war es Brünhild, als erstarre ihr das Blut in den Adern. Doch sie nahm sich zusammen, wandte sich zu Gunther und sprach: „Wenn ihr der Herr seid und dieser nur euer Knecht und ihr so vermessene Wünsche habt, so rüstet euch zum Kampfe mit mir!" Sieg-
5 fried ging vor aller Augen zurück zum Schiff. Aber er zog die Tarnkappe, die unsichtbar macht, über den Kopf und stellte sich ungesehen hinter Gunther. Da trugen vier Kämmerer[1] Brünhilds Schild herbei und zwölf starke Männer einen Stein. Gunther dachte, als er das sah: „Wär ich daheim im Burgunderland geblieben." Siegfried
10 aber flüsterte ihm zu: „Nur keine Angst, ich will das schon machen. Vollführe du die Gebärde des Kampfes, das Werk tu ich."[2] Der Speerkampf begann. Siegfried deckte Gunther mit dem Schild und schleuderte den Speer so gewaltig, dass Brünhild zu Boden sank. Es folgte der Wettkampf im Steinstoßen und Springen. Sieg-
15 fried warf den gewaltigen Stein für Gunther, den dieser nicht einmal allein heben konnte. Siegfried warf weiter als Brünhild. Dann sprang Siegfried mit Gunther im Arm und sprang weiter als Brünhild. Da staunten die Leute. Siegfried und Brünhild, die Kinder der Götter, die vom Schicksal füreinander bestimmt waren, konnten
20 allein so große sportliche Leistungen vollbringen. Brünhild aber wähnte, Gunther habe den Kampf bestanden, und wusste nicht, wie sehr sie betrogen war. Sie verbarg den wütenden Schmerz in ihrem Herzen und reichte dem Burgunderkönig ihre Hand.
Siegfried legte nun die Tarnkappe ab, tat, als käme er eben vom
25 Schiffe, und ließ sich von Dankwart berichten, was vorgefallen sei. Danach verneigte sich Siegfried vor Brünhild und sagte: „Ich freue mich, dass eine Frau wie Ihr Königin sein wird zu Worms am Rhein." Brünhild sah ihn an. Sie wusste es doch genau, dass Siegfried, der die feurige Lohe durchritten, ihn allein vom Schick-
30 sal zum Manne bestimmt sei. Sie konnte nicht begreifen, dass Siegfried es vergessen hatte, dass sie zusammengehörten. Sie ahnte, dass ein furchtbarer Betrug geschehen sein musste. Sie war voll unsagbarer Trauer und wusste keinen Ausweg. Siegfried aber mied ihren Blick. Da legte sie ihre Hand auf den Tisch, daran

---

[1] Aufseher über die fürstliche Schatzkammer
[2] „Tu so, als würdest du kämpfen"

glänzte hell der Nibelungenring, den Siegfried ihr einst mit heiligem Eid gegeben hatte. Er aber tat, als kenne er ihn nicht.

Die vier Recken machten sich nun mit Brünhild auf den Weg nach Worms. Siegfried aber fuhr voraus, um Kriemhild so bald
5 wie möglich wiederzusehen. Ute ließ Stadt und Burg zum festlichen Empfang der neuen Königin rüsten. Sie selbst und Kriemhild ritten auf weißen, kostbar geschmückten Pferden an den Strand, und als König Gunther aus dem Schiff stieg und Brünhild an der Hand führte, da lief Kriemhild ihr entgegen und die beiden
10 Frauen umarmten sich, und alle, die da versammelt waren, wunderten sich, wie schön sie waren, Brünhild wie ein Tag im Sommer, wenn er auf der Höhe ist, Kriemhild wie der Frühling, wenn alles in der ersten Blüte steht.

Die Doppelhochzeit

Ehe aber das Hochzeitsfest begann, trat Siegfried vor Gunther und sprach: „Nun erfülle, was du mir versprochen hast." Da befahl Gunther, dass man Kriemhild rufe. Als sie den Saal betrat, ging Brünhild eben zu Tische und hatte keine Ahnung von dem,
5 was da im Werke war. Als Kriemhild vor Gunther stand, nahm er ihre Hand und sprach: „Liebe Schwester, hier ist einer, der dich zum Weibe möchte, willst du ihn?" Da leuchteten Kriemhilds Augen, man sah wohl, dass Gunther nicht so hätte zu fragen brauchen. „Es soll geschehen, wie ihr gebietet", antwortete sie. Da
10 legte Gunther Kriemhilds Hände in die Hände Siegfrieds. Sie umarmten sich und küssten sich vor allem Volke. Da brauste unendlicher Jubel durch den Saal und die Burgunder freuten sich, dass nun zwei Hochzeiten auf einmal gefeiert werden sollten. Während sich alle Glück wünschend um das neu vermählte Paar
15 drängten, wandte sich Gunther nach Brünhild um. Da saß sie totenbleich in ihrem Ehrensessel, und die Tränen strömten über ihr Gesicht. Gunther erschrak: „Herrin", rief er, „was ist Euch?" Da bezwang Brünhild ihren Schmerz, verbarg ihr Herz und sprach: „Ich weine darüber, dass Ihr unsere Schwester einem Knecht[1]
20 zum Weibe gebt. Sie ist doch eine Königin. Wie könnt Ihr Kriem-

---

[1] Siegfried gab sich selbst zuvor als Knecht aus.

hild solche Schande antun?" Gunther aber lachte: „Ihr könnt ganz ohne Sorge sein, Siegfried ist ein mächtiger König, reicher an Land und Burgen und Mannen als ich. Er verdient es, dass die schönste und edelste Frau seine Gattin wird." „Aber als Ihr kamet, um mich zu werben, hat Siegfried es selbst gesagt, dass er nur Euer Dienstmann ist!", sagte Brünhild. „Ja, schon", sagte Gunther, „ich erkläre es Euch ein andermal. Jetzt lasst uns feiern und fröhlich sein!" Inzwischen hatten Siegfried und Kriemhild dem Königspaar gegenüber Platz genommen. Brünhild maß Siegfried, der strahlend vor Glück neben seiner lieblichen Gattin saß, mit finsteren, unheildrohenden Blicken.

Die Hochzeit wurde mit großem Prunk gefeiert. Es kam die Nacht. Die beiden Paare wurden in ihre Kammern geführt. Als Gunther und Brünhild allein waren, sprach die Königin mit harter Stimme zum König: „Jetzt will ich wissen, warum du deine Schwester diesem Knecht gegeben hast." Gunther wollte die Sache mit einem leichten Scherz abtun und wollte Brünhild umarmen. „Du rührst mich nicht an, bis du mir geantwortet hast", rief Brünhild und ihre Augen sprühten vor Zorn. „Das ist ja alles Torheit[1], sagte Gunther, „lass uns doch glücklich sein, was kümmern uns denn die anderen?" Da geriet Brünhild außer sich vor Schmerz und Wut. Sie ergriff den König und nun zeigte es sich, wer in Wahrheit der Stärkere war von beiden. Sie bezwang ihn, band ihm Hände und Füße mit dem Gürtel ihres Kleides und hängte ihn an einem Nagel an der Wand auf wie einen Sack und diesmal half dem König keine unsichtbare Hand. Brünhild legte sich auf ihr Lager und löschte die Kerzen. Gunther aber verfluchte seine Fahrt und sein Weib. Erst als der Morgen graute, löste Brünhild dem König die Bande. „Damit die Dienstboten dich nicht von Weiberhand gebunden finden", sagte sie dabei. Völlig erschöpft, matt und traurig ging Gunther aus seiner Kammer. Da kam ihm Siegfried entgegen, frisch und froh und strahlend wie ein Sohn der Götter. „Wie siehst du denn aus, was ist dir?", fragte Siegfried. Da sagte ihm Gunther alles, was in dieser Nacht vorgegangen war. „Das wäre doch gelacht, wenn wir diese wilde Katze nicht zähmen

---

[1] Dummheit

könnten", antwortete Siegfried, „ich komme heute Abend, wenn
die Lichter erloschen sind, in eure Kammer und helfe dir. Da wollen wir schon mir ihr fertigwerden!"

Der Tag verging Gunther viel zu langsam. Die beiden Paare gingen ins Münster[1] zur Messe. Dann begann auf der Burg aufs Neue Tanz und Spiel. Als es Nacht wurde und alle in ihre Kammern gingen, zog Siegfried die Tarnkappe über und trat in Gunthers Gemach. Brünhild wollte es mit Gunther genauso machen wie am Abend vorher. Aber diesmal sprang Siegfried dem König bei, schleuderte Brünhild mit solcher Gewalt nieder, dass sie um Gnade flehte und gelobte, Gunther fortan als ihren Herrn und Gemahl anzuerkennen. Nachdem das geschehen war, streifte Siegfried ihr den Nibelungenring vom Finger, nahm ihr den Gürtel weg, mit dem sie Gunther hatte binden wollen, und trug beides übermütig lachend als Beute davon. So ward Brünhild noch einmal betrogen. Als Siegfried zu Kriemhild in die Kammer trat, sah sie, dass er aus einem harten Ringen kam, denn sein Gewand war zerrissen. Gar zu gerne hätte sie gewusst, was eigentlich vorgefallen sei. Siegfried aber wahrte diesmal noch das Geheimnis. Doch nachdem sie von Worms Abschied genommen hatten und in Siegfrieds Landen am Niederrhein als König und Königin herrschten, erzählte er ihr, wie Brünhild betrogen wurde, und gab ihr den Gürtel Brünhilds und den Ring der Nibelungen. Da triumphierte Kriemhild heimlich in ihrem Herzen.

Der Streit der Königinnen

Die Jahre gingen dahin. Es schien, als schicke Brünhild sich in ihre Lage[2]. Es herrschte Frieden in Gunthers Hause.

Eines Tages sagte Brünhild zum König: „Ich möchte deine Schwester so gerne einmal wieder sehen. Wir wollen Kriemhild und Siegfried zu uns einladen." Da sandte Gunther Boten an Siegfried und Kriemhild, und Ute ließ ihrer Tochter sagen, sie fühle, dass ihr Ende bevorstehe, und sie möchte Kriemhild noch einmal sehen. Kriemhild und Siegfried nahmen die Einladung an und bra-

---

[1] große Kirche eines Klosters oder Domkapitels
[2] als akzeptiere Brünhild ihre Lage

chen mit einem großen Geleit auf. Ehrenvoll wurden sie zu Worms empfangen. Es war um die Zeit der Sommersonnenwende[1]. Die Tage vergingen in Freude. Eines Nachmittags ergötzten sich die Helden im Hofe mit Spielen, wie die Männer sie treiben, mit Speerwerfen, Fechten und Steinstoßen. Siegfried tat allen zuvor, er schleuderte den Stein über alle Male[2] hinaus und den Speer mitten durch das Ziel. Die Frauen schauten vom hohen Balkon zu. Voller Stolz blickte Kriemhild auf ihren Gemahl. „Sieh ihn an, Brünhild", rief sie frohgemut, „ist er nicht der herrlichste von allen Recken?" Da verdüsterte sich Brünhilds Angesicht. „Du magst Recht haben", sagte sie, „aber das ändert nichts an der Tatsache, dass er doch nur ein Dienstmann König Gunthers ist." Kriemhild schlug die Hände über dem Kopf zusammen. „Liebe Schwester, wie kommst du nur dazu, so etwas zu sagen? Glaube das ja nicht! Siegfried ist ein König und freier Herr und niemandem untertan und kein Mann auf Erden kommt ihm gleich an Wohlgestalt und Kraft, an Reichtum und an Ruhm, auch Gunther nicht im Entferntesten!" „Du scheinst gar nicht zu wissen, was du uns schuldig bist! Damals, als sie kamen, um mich zu werben, da hat Siegfried es mir selbst gesagt, dass König Gunther der Herr und er nur der Knecht ist, doch sollte es mich nicht wundern, wenn Siegfried auch den Lehenseid[3] nicht hielte, hat er doch schon andere Eide, die er schwor, gebrochen." Da lachte Kriemhild und sprach voll Spott und Hohn: „Wenn du wüsstest, was Siegfried alles für Gunther getan hat!", stand auf und ging weg. Am anderen Morgen ging Brünhild zum Münster. Vor dem Tore blieb sie stehen und wartete auf Kriemhild. Es dauerte nicht lange, so kam diese mit ihren Frauen und hatte sich, der Königin zum Trotz, herrlicher geschmückt als je zuvor. Ohne Brünhild eines Blickes zu würdigen, schritt sie sogleich die Stufen hinan. Da trat Brünhild hervor und gebot ihr, stehen zu bleiben. „Es

---

[1] Die kultische Verehrung der Sonnenwende geht bis in prähistorische Zeiten zurück.

[2] Markierungen

[3] Eid, den einer schwört, der ein Lehen – ein Gut (Besitz) – erhalten hat, das ihn zu Lehenstreue verpflichtet

ziemt sich nicht, dass das Weib eines Lehensmannes[1] vor ihrer
Herrin in das Münster geht!", rief sie. Alle hörten den Ruf, erschraken und wussten nicht, was das zu bedeuten hatte. Kriemhild aber hielt nicht an, stieg die Stufen alle hinan, doch auf der
5 obersten wandte sie sich um und rief: „Wenn du doch geschwie-
gen hättest! Nun aber hast du mich gereizt und nun sollst du es
hören: Nie wärest du König Gunthers Weib geworden, wenn
nicht Siegfried dich dazu gemacht hätte!" Dann ging sie in das
Münster hinein. Brünhild war wie vom Donner gerührt. Auch sie
10 ging in die Kirche, aber sie hörte und sah nichts von allem, was
um sie her geschah. Nach der Messe vertrat sie Kriemhild vorm
Münster den Weg: „Nun erkläre mir deutlicher, was das heißen
sollte, was du gesagt hast", sprach sie. Statt aller Worte hielt
Kriemhild ihr den Nibelungenring unter die Augen und er
15 gab einen blutroten Schein. „Kennst du den?", schrie sie höhnisch, dann zog sie den Gürtel, den Siegfried Brünhild in jener
Nacht genommen hatte, unter ihrem Gewande hervor. Brünhild
verfärbte sich. Mühsam kamen die Worte: „Nun kenne ich den
Dieb!" „Nichts von Dieben", sagte Kriemhild, „Siegfried nahm dir
20 Ring und Gürtel in der Nacht, als er dich für Gunther bezwang,
und Siegfried ist es auch gewesen, der dich in Island im Wettkampf überwand, nicht Gunther!" Als sie das gesagt hatte, rausch-
te sie triumphierend hinweg, so verblendet war sie.

Brünhild eilte zu Gunther und sprach: „Jetzt weiß ich alles. Sieg-
25 fried hat mich betrogen. Sterben muss der Verräter oder ich fahre
heim, woher ich kam, und du siehst mich nimmer wieder."

Wie Siegfried verraten ward

Dann ging die Königin in ihre Kammer, schickte ihre Frauen hinweg und überließ sich ihrem Schmerz. Sie weinte lange und
sprach: „Ich habe immer nur einen geliebt, auf Granis Rücken
durchritt er die feurige Lohe[2] und weckte mich aus tiefem
5 Schlummer und schwor mir Liebe und Treue mit heiligen Eiden.

---

[1] Adliger, der Land von einem Adligen erhielt und sich diesem dafür zu
Diensten verpflichtete
[2] Flamme, Feuer

Er hat sie alle vergessen, er hat mich verraten, er hat mein Leben zerstört. Aber eines bleibt mir zu tun übrig: Ich muss die Rache vollstrecken an dem treulosen Mann!" So saß Brünhild und sann auf Mord. Da klopfte es an ihre Türe und herein trat der finstere
5 Hagen, der den strahlenden Siegfried nie hatte leiden mögen, weil er die Burgunder in den Schatten stellte. „Herrin", sprach er, „ich weiß, was man euch getan hat. Ich schwöre es euch, ich will des Todes sterben, wenn der Verräter länger lebt!" „Was vermögt ihr gegen den, der den Drachen erschlug? Der ist euch viel zu
10 mächtig!", sagte Brünhild. „Rohe Kräfte hat er zwar, doch manchmal vermag List mehr als Gewalt. Fasst Hoffnung!" Hagen ging und suchte König Gunther auf. Der saß in Gram[1] versunken. „Es gibt hier nur einen Ausweg", sprach Hagen zum König, „und das ist Siegfrieds Tod. Oder willst du etwa dein Weib zugrunde rich-
15 ten?" „Sie ward mir lieb und wert vor allen. Ich kann ihrer nicht entraten[2]", sagte Gunther, „aber bedenke doch, was wir Siegfried schuldig sind! Ich habe Blutsbrüderschaft mit ihm geschlossen, er hat mir Krone und Land vor den Sachsen und Dänen gerettet. Er hat Brünhild für mich gewonnen. Er hat uns so viel Liebes und
20 Gutes getan. Wenn wir ihn umbrächten, das wäre ein arger Lohn für seine treue Freundschaft; es wäre ein schlimmes Unrecht, dazu kann ich meine Zustimmung nicht geben. Auch ist er uns zu mächtig!" Da ging Hagen zu Gernot und Giselher und versuchte, die für den Mord an Siegfried zu gewinnen. Die entsetzten sich
25 über Hagens Gedanken. „Was hat er uns denn getan, wofür er den Tod verdiente?", sagte Gernot, „er war immer hilfsbereit." „Und er ist so ganz ohne Argwohn", sprach Giselher, „ich brächte es nicht übers Herz, sein Vertrauen zu enttäuschen!" Dann muss ich die Tat allein vollbringen, dachte Hagen und ging.
30 Als aber Gunther sah, dass Brünhild sich nicht erweichen ließ, änderte er seinen Sinn und sprach zu Hagen: „Ich kann zwar meine Hand nicht zu der Tat leihen. Aber ich sehe ein, dass es wirklich keinen anderen Ausweg gibt. Ich werde dich an deinem Vorhaben nicht hindern."

---

[1] Kummer, Betrübnis
[2] Ich kann sie nicht entbehren

Nun schmiedete Hagen einen Plan, wie sie Siegfried umbringen wollten. Siegfried hatte es dem Freunde nicht verschwiegen, dass er an der Stelle, wohin das Lindenblatt fiel, als er damals im Drachenblut badete, verwundbar sei wie jeder andere Mensch. Hagen
5 ersann eine List, um herauszubekommen, wo Siegfried die Stelle habe, durch die man ihn zu Tode treffen könnte. Er ließ falsche Boten kommen, die sagten, die Sachsen und Dänen seien wieder in das Land eingefallen. Gunther ließ seine Mannen zur Heerfahrt[1] aufbieten. Allsogleich bot auch Siegfried König Gunther
10 seine Hilfe an. Kriemhild aber träumte von schweren Gefahren, die Siegfried bedrohten. Da trat Hagen zu ihr in die Kammer, um, wie er vorgab, Abschied zu nehmen, bevor es gegen den Feind ginge. Er tat sehr freundlich. Kriemhild sprach: „Wenn ihr Männer jetzt miteinander in die Schlacht reitet, so tragt es doch bitte
15 Siegfried nicht nach, dass ich Brünhild beleidigt habe. Es reut mich aufrichtig und ich wollte, ich könnte es ungeschehen machen; denn ich bin in großer Sorge, es könnte meinem lieben Gemahl Unheil daraus erwachsen. Ihr habt euch immer als treuer Freund unseres Hauses erwiesen, habt doch ein Auge auf Sieg-
20 fried in der Schlacht; denn ihr wisst ja, Siegfried hat eine Stelle, an der ist er nicht unverwundbar." „Das lässt sich ja gut an", dachte Hagen. Er sagte: „Ach, liebste Herrin, wegen des Zankes betrübt euch nicht mehr; Brünhild hat den kleinen Vorfall längst vergessen. Was aber Siegfried anbetrifft, so seid ohne Sorge. Er
25 hat keinen besseren Hüter als mich. Aber damit ich die Stelle, an der Siegfried des Schutzes bedarf, auch genau kenne, bezeichnet sie auf seinem Gewand mit einem Kreuz aus Seide. Dann will ich wohl auf ihn Acht haben." „Das will ich tun", sagte Kriemhild. So gab Kriemhild selber ihres Mannes Leben in die Hände seines
30 Todfeindes. Nachdem Hagen am anderen Morgen das Zeichen zwischen Siegfrieds Schultern entdeckt hatte, ließ er neue Boten kommen, die sagten, die Sachsen und Dänen hätten sich bereits wieder zurückgezogen und die Heerfahrt sei nun nicht mehr nötig. Nach Hagens Plan lud Gunther jetzt seine Getreuen zur Jagd
35 in den Odenwald ein. Gernot und Giselher aber sagten, sie möch-

---

[1] Vorbereitung/Reise von Truppen zum Kampfgebiet

ten lieber daheim bleiben; denn sie wussten, was Hagen plante, und wollten an dem Mord keinen Anteil haben, doch sie warnten Siegfried nicht. Ehe Siegfried wegritt, ging er noch einmal zu Kriemhild. Sie weinte an seinem Halse und bat: „Geht nicht von
5 mir! Nur diesmal nicht! Ich träumte, zwei wütende Eber zerrissen dich. Zwei Berge fielen auf dich und begruben dich. Bleib bei mir!" Siegfried aber küsste sie und redete ihr freundlich zu: „Was sollte mir denn geschehen? Ich reite ja nun nicht in den Krieg, sondern nur auf die Jagd. Und die da um mich sind, sind alle
10 meine Freunde, die ich von Herzen liebe!" Doch Kriemhild wollte ihn nicht lassen. Da bliesen die Jagdhörner das Signal zum Aufbruch und Siegfried riss sich von Kriemhild los. „Lebe wohl! Heute Abend bin ich wieder bei dir!", sagte er. „Das gebe Gott!", seufzte Kriemhild.

Siegfrieds Tod

Als Siegfried aus der Burg ritt, stand Brünhild am Fenster ihrer Kammer und sah ihm lange nach. Er aber ritt arglos und unbekümmert in den lichten taufrischen Morgen hinein. Nicht die leiseste Ahnung trübte sein frohes Gemüt, dass dies sein letzter
5 Ritt sein könnte. Er war der Ausgelassenste und Fröhlichste von der ganzen Gesellschaft. Lustig klangen die Jagdhörner durch das Gebirge. So pfeilgeschwind vermochte keiner dem Hirsch und dem Eber, dem Elch und dem Wisent zu folgen wie Siegfried. So zielsicher wie er traf keiner der anderen Jäger das Wild. Gegen
10 Mittag, als die Waldhörner zum Mahle riefen und Siegfried sein Ross wandte, brach aus dem Dickicht ein fürchterlicher Bär hervor. „Hallo", rief Siegfried übermütig lachend, „ich schaff uns Jagdgesellen eine hübsche Kurzweil. Der Bär muss lebend mit zur Lagerstätte." Er löste die Bracken[1]; aber der Bär lief so schnell,
15 dass sie ihn nicht ereilen konnten. Da gab Siegfried seinem Ross die Sporen, aber der Bär war schneller als Grani. Da sprang Siegfried vom Pferd und lief selber der Bestie nach. Nun gab es für den Bären kein Entrinnen mehr. Ehe das Tier sich dessen versah, hatte Siegfried es mit den Händen ergriffen. Inzwischen war

---

[1] Spürhunde

auch Grani herangekommen. Siegfried band den Bären an den
Sattel und fort ging es im Galopp zur Feuerstätte, wo die anderen
schon versammelt waren. Siegfried löste dem Bären die Fesseln,
die Hunde stürzten sich mit Geheul auf das Tier, das wollte zu
5 Walde fliehen, geriet aber, von der Meute gehetzt, zwischen die
Feuer und Kessel, die stürzten um, die Köche flohen, die Herren
griffen zu den Speeren, Siegfried aber stand da und lachte aus
vollem Herzen über die Angst der kleinen furchtsamen Menschen. Endlich hatte er ein Einsehen, fing den Bären abermals
10 und tötete ihn. Dann begann man zu essen. Der Braten war gut
gewürzt, aber vergeblich riefen die Jäger nach Wein. Da schalt
König Gunther Hagen und sagte: „Ihr hattet den Auftrag, für alles
zu sorgen, und nun lasst ihr uns hier verdursten!" Hagen ent-
schuldigte sich, er habe aus Versehen die Fuhrleute mit dem
15 Wein in den Spessart[1] gesandt, weil er gemeint habe, dort solle
das Jagen sein. „Doch", so sagte er, „nicht weit von hier weiß ich
eine kühle Quelle, die hat ein gutes Wasser." „Dann lasst uns dort
hingehen, denn mich dürstet sehr", sprach Siegfried. „Lasst uns
einen Wettlauf nach der Quelle machen!", schlug Hagen vor. „Da-
20 mit ihr doch auch einige Aussicht behaltet, Sieger zu werden, will
ich in allen Waffen laufen, mit Schild und Speer, mit Schwert,
Köcher und Bogen. Ihr aber mögt alles ablegen und es euch so
leicht machen, wie es euch gefällt", sagte Siegfried. Sie taten, wie
Siegfried gesagt hatte. Aber dennoch erreichte Siegfried den
25 Brunnen weit eher als Hagen und Gunther und schrie vor lauter
Freude und Lebenslust. Er schleuderte die Waffen ins Gras und
lehnte den Speer an die Linde, die neben der Quelle stand, aber er
trank nicht. Er wartete auf König Gunther und wollte ihm eine
Freude machen, indem er ihn zuerst trinken ließ. Gunther kam
30 und trank. Dann beugte sich auch Siegfried und trank lange. Hagen aber ergriff den Speer, der am Baume lehnte, suchte mit den
Augen das heimliche Zeichen und stieß, indessen Gunther sich
abwandte, den Speer mit aller Kraft zwischen die Schultern des
Knienden, dass das Blut stärker als der Quell aus der Wunde her-
35 vorsprudelte. Dann rannte er davon, so schnell ihn seine Beine

---

[1] zwischen Rhön und Odenwald gelegenes Mittelgebirge

tragen konnten. Siegfried, der Todwunde, schrie auf vor Zorn, dass es über das ganze Gebirge hallte, sprang empor, ergriff den Schild, der ihm am nächsten lag, erreichte Hagen in gewaltigen Sätzen und schlug ihn zu Boden. Aber dann taumelte er, sank zur Erde, und sein Blut färbte Gras und Blumen rot. „Was hab ich euch getan?", sprach der Sterbende, „vergeltet ihr mir so, dass ich euch so manches Mal aus Angst und Not geholfen habe? Oh, Kriemhild, dass ich dich unter solchen Menschen allein lassen muss!" Dann wandte er sich bittend zu Gunther: „Es ist doch eure Schwester, der ihr dies angetan habt! Oh, habt Erbarmen mit ihr!" Als Siegfried diese Worte gesprochen hatte, sank er tot ins Gras zurück. Der Quell aber, bei dem die Tat geschah, liegt mitten im Odenwald und heißt der Mordquell bis auf den heutigen Tag.

Wie Brünhild Siegfried in den Tod folgte

Als Gunther und Hagen mit ihrem Gefolge und der Leiche Siegfrieds spät in der Nacht der Sommersonnenwende beim Scheine blutroter Fackeln in den Burghof zu Worms einritten, da stand Kriemhild draußen vor dem Tore der Halle und ihr erstes Wort war: „Wo habt ihr Siegfried?" Alle schwiegen. Da ließ Hagen ihr statt einer Antwort die Bahre mit dem Leichnam vor die Füße stellen. „Ich hieb ihn nieder im Odenwald!", sagte er. Mit einem gellenden Schrei warf Kriemhild sich über den Toten. Brünhild hörte im Bett diesen Schrei und wusste, was er zu bedeuten hatte. Da lachte sie so entsetzlich, dass es schauerlich durch die Hallen dröhnte. Sie erhob sich, legte ihre goldene Brünne an, die sie nie mehr getragen hatte seit dem Tage, da Siegfried sie für Gunther überwand, gürtete sich ihr breites scharfes Schwert um und steckte den Nibelungenring, den Siegfried ihr nach dem Zank der Königinnen zurückgegeben hatte, an den Finger. Dann ließ sie Gunther und Hagen und alle ihre Dienstleute rufen. Die erschraken ob der Todesblässe der Königin und verwunderten sich, als sie begann, Geschenke auszuteilen. Als sie alle ihre Kleider, ihre Waffen und ihr Geschmeide vergeben hatte, sagte sie: „Nun schmückt euch, wir begehen nämlich heute ein großes Fest. Ich will Hochzeit halten mit dem Manne, der mir vom Schicksal be-

stimmt war. Als ich in der Waberlohe[1] lag, da kam er auf Granis
Rücken, der Strahlende, und fürchtete sich nicht. Keiner von
euch kam je ihm gleich. Ich ward seine Braut und wir schworen
uns Treue. Er vergaß es und wir gingen beide lange in der Irre.
5 Nun aber habt ihr es gutgemacht. Ihr solltet euch zwar schämen,
ihr Meineidigen[2], ihr Mörder, dem Herrlichen so zu vergelten,
dass er euch Schwächlinge errettete aus Angst und Not. Aber er
kann mir nun nicht mehr entfliehen. Ich bin am Lebensziel; ich
halte dem die Treue, dem ich sie zuerst geschworen habe. Ich will
10 zusammen mit Siegfried sterben. Eine Bitte noch habe ich, Gunther, an dich, es soll in meinem Leben die letzte sein: Rüste Siegfried und mir, uns lange Getrennten, als Brautbett den Scheiterhaufen, und war es mir im Leben versagt, dem einzig Geliebten
anzugehören, so will ich im Tode mit ihm vereinigt sein!" Als sie
15 das gesagt hatte, richtete sie das Schwert gegen die eigene Brust.
Gunther suchte es ihr zu verwehren, aber sie stieß ihn von sich,
und Hagen sprach: „Nun verstehe ich alles! Verwehre ihr nicht
die weite Fahrt, auf die sie gehen will. Sie wäre besser nie geboren!" Brünhild sank, von eigener Hand durchbohrt, tot auf die
20 Kissen zurück. Gunther erfüllte ihren letzten Willen, obwohl
Kriemhild es wehren wollte. Aus dem Rauch des Scheiterhaufens
sah man zwei riesenhafte Göttergestalten aufsteigen, die jagten
gen Norden auf kohlschwarzen Rossen und von ihren Hufen
sprühten Feuerfunken.

II. Der Burgunder Untergang
Warum Kriemhild nicht mit den Niederländern heimfuhr
Als das Leichenbegängnis vorüber war, baten die Mannen, die mit
Siegfried und Kriemhild aus Niederland gekommen waren, ihre
Königin, sie möchte mit ihnen nach Xanten ziehen und dort die
Krone tragen wie vordem. Kriemhild aber antwortete ihnen, sie
5 habe ein anderes Werk zu tun und müsse in Worms bleiben. Ver-
wundert schauten die Niederländer ihre Königin an. Da sahen sie,
dass sie gänzlich verändert war. Alle Lieblichkeit, Unschuld und

---

[1] undurchdringlicher Feuerwall
[2] einen Meineid leisten: einen Eid brechten, ein Versprechen nicht halten

Milde, alle Güte und Freundlichkeit, wovon sonst ihr Angesicht geleuchtet hatte, war aus ihren Zügen gewichen. Ihre Wangen hatten die Farbe verloren, ihre Züge waren wie versteinert, in den Augen aber brannte eine düstere Glut. Man sah es ihr an, dass sie
5 Böses im Sinne hatte. Traurig rückten die Niederländer ohne König und Königin heim.

Wie Hagen den Nibelungenhort im Rhein versenkte

Den Schatz der Nibelungen, den Siegfried Fafnir genommen und den er Kriemhild zur Hochzeit geschenkt hatte, ließ Kriemhild nach Worms holen und machte sich viele Freunde damit. Hagen sah es und dachte: „Schwerter und Lanzen erwirbt sie sich gegen
5 uns!" Und eines Nachts, als die drei Könige weggeritten waren, zwang er Kriemhild mit Gewalt die Schlüssel zu ihrer Schatzkammer ab, schleppte mit vieler Mühe das Gold an den Rhein und versenkte alles im Strom, wo er am tiefsten war. Aber von nun an wuchsen Hass und Rachgier gegen Siegfrieds Mörder in Kriem-
10 hilds Herzen nur noch mehr.

Wie Kriemhild König Etzels Gemahlin wurde

Eines Tages kamen Boten vom Hunnenkönig Etzel aus Ungarland. Seine Gattin Helge war ihm gestorben. Durch fahrende Sänger[1] hatte er von Kriemhild gehört. Nun kam sein Markgraf Rüdiger von Bechlaren nach Worms, um für seinen Herrn um
5 Kriemhild zu werben. Kriemhild aber sagte: „Es ist unmöglich, dass ich nach Siegfried je einen anderen Mann lieben könnte." Rüdiger aber schilderte ihr König Etzels Macht und Herrlichkeit: „Über breite fruchtbare Lande, über feste uneinnehmbare Burgen, über Riesenheere streitbarer Recken werdet ihr gebieten und Gold
10 und Silber und edle Steine die Fülle haben, wenn ihr mit mir zieht und der Hunnen[2] Königin werdet!" „Aber ich werde fremd in der Fremde sein", sagte Kriemhild, „ich habe dort niemanden, der mir

---

[1] Im Mittelalter zogen Sänger von Hof zu Hof und berichteten über aktuelle Geschehnisse.
[2] Sammelbegriff für eine Gruppe zentralasiatischer Reitervölker mit nomadischer, später halbnomadischer Lebensweise

hilft, wenn ich der Hilfe bedarf." Rüdiger aber rief: „Ich will euch
dienen mit Herz und Hand!" „So schwört mir", sprach Kriemhild,
„dass ihr all mein Leid rächen wollt." Da schwor Rüdiger und
Kriemhild sagte: „Ich gehe mit euch!" Sie nahm freundlich Ab-
5 schied von ihren Brüdern und machte sich mit Rüdiger auf den
Weg. In der Nähe von Wien waren Etzels bunte Völkerscharen
zusammengeströmt, um die neue Königin zu begrüßen. Da
fegten zusammengekauerte Gestalten mit runden kahlen Köpfen,
gelber Haut und Schlitzaugen auf kleinen Pferden mit Windeseile
10 heran. Am Sattel trugen sie krumme Säbel. Das waren die Hunnen. Es kamen Russen mit langen Bärten und Pelzmützen. Die
Römer saßen auf hohen Rossen und trugen Gewänder aus pur-
purner Seide. Dann waren da Germanen aus allen Stämmen mit
blonden Köpfen und breiten Schwertern. Und endlich erschien,
15 reitend auf einem feurigen arabischen Hengst, König Etzel selbst,
der Herr dieser Heerscharen. Er sprang vom Ross, ging der Königin entgegen und sah mit Freude, dass sie sehr schön war. Er hob
sie vom Pferde, er küsste sie und seine Mannen schlugen an ihre
Schilde. Dann stellte er ihr seine Heerführer vor, die neben ihm
20 geritten waren, allen voran seinen Bruder Blödel und Herrn Dietrich von Bern[1] mit Hildebrand, seinem alten Waffenmeister. Dann
fuhren sie auf einer stolzen Flotte weiter die Donau abwärts und
am Ende ihrer Reise kamen sie zu Etzels Burg. Hier wurde die
Hochzeit gefeiert mit solcher Pracht, dass bei den Völkern des Os-
25 tens noch lange die Rede davon war.

Wie die Burgunder die trügerische Einladung annahmen

Kriemhild gebar dem König Etzel einen Sohn. Von nun an liebte
er sie noch mehr als zuvor. Die Königin stand bei allem Volke
hoch in Ehren, denn sie war sehr freigebig. Eines Tages sprach
Kriemhild zu ihrem Gemahl: „Ich sehne mich nach meinen Brü-
5 dern und Freunden." Etzel antwortete: „Nichts Lieberes könnte
mir geschehen, als deine Verwandten als Gäste an meinem Hofe
zu sehen. Wir wollen sie zu uns einladen." „Ich hätte sie gerne

---

[1] In Dietrich von Bern lebt der Ostgotenkönig Theoderich der Große (471 –
526) fort.

zur Sonnenwende hier", sagte Kriemhild. Etzel sandte sogleich
Boten nach Worms.

Als diese vor König Gunther den Auftrag ausgerichtet hatten,
wandte Gunther das Haupt und zu Hagen sprach er: „Was meinst
du zu der Fahrt?" Hagen sprach: „Ich warne euch vor der Fahrt."
Giselher aber rief: „Alter, dich macht wohl die Furcht hellsichtig!
Kriemhild hat aber beim Abschied gesagt, dass sie alles verziehen
hat." „So ist es", sprach Gernot, „ich möchte meine Schwester
gerne wiedersehen, wenn Hagen Angst hat, kann er ja hierblei-
ben!" Hagen sprang zornig vom Sitz auf: „Das soll niemand sagen, dass Hagen sich fürchtete!", rief er, „wenn ihr den Todesweg
wählt, so bleibe ich nicht zurück. Aber das sage ich euch: Wir
werden Worms nicht wiedersehen!" „Du siehst Gespenster",
spottete Giselher. „Einige rennen mit verbundenen Augen ins
Verhängnis, andere gehen wissend hinein", sagte Hagen, „aber
ich denke mein Leben teuer zu verkaufen. Wir wollen tausend
Ritter mitnehmen. Es soll den Hunnen nicht leicht gemacht werden!" „Es kann nicht schaden, wenn wir würdig auftreten", sprach
Gunther und ließ seine Mannen aufbieten wie zu einem Heeres-
zug. Als alle versammelt waren, gab Gunther den Boten Etzels
Bescheid, dass die Burgunder kämen.

Wie die Burgunder unterwegs gewarnt wurden

Die Burgunder ritten südostwärts, an der Spitze Gunther, Gernot
und Giselher, es folgten Hagen, sein Bruder Dankwart und Volker
von Alzei[1]. Sie kamen an die Donau. Das Wasser war hoch gestiegen von Regengüssen. Als Hagen am Ufer entlangging, um eine
Furt oder eine Fähre zu suchen, erblickte er drei badende Wasserfrauen, die prophezeiten ihm: „Keiner von euch allen wird die
Heimat wiedersehen. Nur der Priester, den ihr da bei euch habt,
und der den neuen Glauben predigt von dem Gotte am Kreuz, der
kommt wohlbehalten nach Worms zurück." „Das wollen wir sehen", dachte Hagen. Er fand eine Fähre und führte zuerst die
Könige, dann die Dienstleute über den Fluss. Im letzten Boot
nahm er auch den Priester mit, einen jungen, kräftigen Mann.

---

[1] Spielmann am Hof der Burgunder in Worms

Als sie mitten auf dem Fluss waren, ergriff er ihn hinterrücks und warf ihn in die Strömung. Der Priester wollte sich ans Boot klammern, aber Hagen stieß ihn mit der Ruderstange herab und drückte ihn unter das Wasser. Da begann der Priester zu schwimmen und erreichte glücklich das Ufer, von dem sie gekommen waren. Hagen winkte ihm zu und rief: „Danke mir, denn ich habe dich vorm Tode bewahrt. Grüße mir Worms und das Burgunderland zum letzten Mal!" Dann trieb er das Boot an das Land, und als alle ausgestiegen waren, zertrümmerte er die Fähre mit einer Axt und warf die Bretter in die Flut. Darauf erzählte er laut, was die Wasserfrauen gesagt hatten. „Wisst ihr nun, warum ich den Pfaffen ertränken wollte?", sprach er. „Ich wollte diese Weiber Lügen strafen. Ihr habt alle gesehen, wie es ausgelaufen ist!" Da kam alle ein Grauen an. „Jetzt möchte mancher gerne umkehren", rief Hagen. „Aber ich zerbrach das Boot, damit auch den Furchtsamen kein anderer Weg bleibt als der, der da vor uns liegt. Seht euch den Fluss gut an! Dies ist der, von dem man sagt, dass derjenige, der ihn überfährt, nimmermehr zurückkehrt!"

Wie die Burgunder im Hunnenland empfangen wurden

Die Burgunder zogen weiter und kamen gen Bechlaren zu Markgraf Rüdigers Burg. Er empfing sie mit allen Ehren, seine Gemahlin und seine Tochter Gotelinde begrüßten jeden der Könige mit einem Kuss. Vor Hagen gruselte es der jungen Gotelinde, doch Giselher gefiel ihr umso besser. Auch Giselher gewann Rüdigers Tochter lieb und zuletzt wurden Giselher und Gotelinde einander verlobt. Man verabredete, dass die Hochzeit stattfinden sollte, wenn die Burgunder auf ihrer Heimreise wieder gen Bechlaren kämen. Beim Abschied durften sich die Gäste ein Geschenk von Rüdiger aussuchen. Hagen bat um den trefflichen Schild, der in der Halle hing. Auch Rüdiger nahm Abschied von den Seinen, um die Burgunder an den Hof seines Herrn zu bringen. Unterdessen waren die Boten Etzels nach seiner Burg zurückgekommen und meldeten, dass die Burgunder ihnen mit einem ganzen Heere auf dem Fuße folgten. „Ist Hagen auch dabei?", fragte Kriemhild hastig. Und als die Boten die Frage bejahten, glomm ein tückisches Feuer in ihren Augen auf. Dietrich von Bern sah

es: „Es war keine schöne Tat, dass sie Siegfried erschlugen. Aber
es ist nun lange her. Man muss auch vergessen und vergeben
können. Die Rache hat noch nie etwas gebessert, sondern hat immer nur aus altem Unheil neues und schlimmeres kommen las-
5 sen!", sprach er zur Königin. Kriemhild aber erwiderte: „Was
denkt ihr von mir? Ich bin meinen Brüdern sehr zugetan!" Dietrich aber hielt es für geraten, den Burgundern entgegenzureiten
und sie zu warnen, damit sie nicht unvorbereitet ins Verderben
gingen. Dietrich geleitete die Gäste in den Hof. Die ungeheure
10 Gestalt Hagens, des Siegfriedtöters, erregte großes Staunen bei
den Hunnen, die klein und nicht sehr wohlgestaltet sind. Prächtig geschmückt empfing Kriemhild ihre Brüder. Aber sie küsste
einzig Giselher. Über Hagen blickte sie hinweg, als wäre er Luft.
Die Diener König Etzels führten die Burgunder in ihre Herberge.
15 Die Könige bekamen herrliche Säle, die Dienstleute besondere
Häuser angewiesen. Alsbald lud man die Gäste zu Tische. Sie
wurden in einen riesigen Saal geführt, der stand ganz für sich auf
gewaltigen Mauern, aus Steinen war er gebaut und hatte eine ge-
wölbte Decke. Er war so groß, dass ein ganzes Heer an den Ti-
20 schen Platz fand. An den Wänden hingen kostbare Teppiche und
Waffen aller Art. König Etzel und Kriemhild kamen ihren Gästen
entgegen. Etzel umarmte Gunther und seine Brüder mit aufrich-
tiger Freude. Er schüttelte Hagen die Hand und sprach mit ihm
von dem, was einst gewesen war. Etzel bewirtete seine Gäste auf
25 das Beste, ließ gute Braten auftischen und feurige Weine in die
goldenen Becher einschenken.

Die Nachtwache

Als die Nacht hereinbrach, ließ Etzel die Burgunder in den Schlaf-
saal geleiten, da standen herrliche Betten mit seidenen Kissen
und Decken aus Hermelin[1]. „Legt euch nieder", sprach Hagen zu
den Königen, „ich will draußen wachen." „Lasst mich mitgehen",
5 sagte Volker, „zu zweit wird uns die Nacht nicht lang werden." Die
beiden legten ihre Waffen an und gingen vor die Tür des Saales.
Es war eine sternenvolle Nacht. Volker lehnte den Schild an den

---

[1] Winterpelz des Wiesels

Türpfosten, setzte sich auf die Schwelle, nahm seine Geige und begann zu spielen, sodass die, die drinnen auf den Betten lagen, alle schweren Gedanken vergaßen; sie meinten, sie hörten den Rhein rauschen und die Glocken der Herden auf den heimatli-
5 chen Triften[1] und von den Hängen des Tales die Lieder der Winzer, die sie singen, wenn sie im Herbst die goldenen Trauben lesen; sie meinten, sich mit der Geliebten im Tanze zu drehen. Die Seelen lösten sich von allen Sorgen und leise gewiegt entschlummerten sie. Als alle schliefen, legte Volker die Geige neben sich
10 und griff nach dem Schwerte. Gegen Mitternacht sah er plötzlich durch das Dunkel einen Helm erglänzen. Da schlichen an der Mauer entlang die Hunnen, die Kriemhild gesandt hatte, Hagen im Schlaf zu überfallen. „Tötet nur diesen einen", hatte sie gesagt, „dann will ich die anderen verschonen." Die Hunnen waren vor-
15 sichtig, ihr Mut war nicht allzu groß. Jetzt bemerkte einer der Hunnen, dass Wächter auf der Schwelle des Saales saßen. Da sagte er: „Ich erkenne Hagen und den Spielmann. Was die Königin im Sinne hatte, das kann nicht geschehen. Wir wollen uns wieder in unsere Betten legen." Alle schlichen davon. Volker
20 sprang auf und wollte ihnen nacheilen. „Lass das bleiben", sagte Hagen, „wenn wir die Türe verlassen, überfallen sie die Schläfer." Da rief Volker laut den Enteilenden nach: „Pfui, ihr Schleicher! Wollt ihr morden gehen, dann kommt, wir helfen euch gerne." Aber niemand gab ihm Antwort.
25 Kriemhild saß die ganze Nacht wach und wartete, dass man ihr Hagens Tod meldete. Als sie aber erfuhr, dass niemand es wage, Hagen anzugreifen, tobte sie vor Zorn und schrie: „Und wenn ich selber ihm den Kopf abschlagen muss – mein Wille muss an Hagen geschehen und sollte die ganze Welt darüber zugrunde ge-
30 hen!"
In der Morgenfrühe, als die Sterne blass wurden, sagte Volker: „Mein Harnisch[2] wird mir kühl, ich fühle, es ist nicht mehr weit von Tage!" Da gingen die beiden Wächter hinein und weckten die Schlafenden. „Heute ist Sonntag", sagte Giselher, „ich höre die

---

[1] Weiden
[2] Rüstung

Glocken läuten. Lasst uns zur Messe gehen!" Und er wollte seine besten Kleider anziehen. Aber Hagen sprach: „Ihr sollt statt der Rosenkränze die Schwerter in die Hand nehmen, statt seidener Hemden legt eure Panzer an, statt der Hüte mit den Federn und
5 Edelsteinen setzt die Helme auf. Die gestickten Mäntel lasst hier und bedeckt euch mit euren Schilden, und dann betet mit Inbrunst, denn ihr wisst, uns allen naht der Tod!" Alle taten, wie Hagen gesagt hatte. Als Etzel seine Gäste so bewaffnet zur Kirche gehen sah, sprach er: „Bedrohte euch jemand, dass ihr in Waffen
10 zur Kirche geht?" Hagen antwortete: „Das ist in unserem Lande so der Brauch."

Der Kampf beginnt

Nach dem Kirchgang lud Etzel die Burgunder und seine besten Mannen in den Hof zu Turnieren ein. Er selbst schaute mit Kriemhild vom Fenster herab den Spielen zu. Volker aber wollte, dass der Kampf, von dem er wusste, dass er unvermeidlich sei,
5 endlich beginne, und jagte einem Hunnen den Speer in den Leib, dass er tot zu Boden sank. Da rissen die Hunnen und Burgunder die Schwerter heraus. Aber Etzel sprang zwischen die feindlichen Parteien und stiftete noch einmal Frieden. Jedoch Kriemhild sprach zu Blödel, des Königs Bruder: „Jetzt könnt ihr nicht mehr
10 sagen, dass es nur darum gehe, mein Leid zu rächen. Es geht nun um eure Ehre!" „Deiner Mahnung bedarf es nicht mehr", antwortete Blödel, „wir werden den Tod unseres Gefährten nicht ungerächt lassen." „Ich rate euch", sprach Kriemhild, „beim Mittagsmahl, während die Herren in Etzels Saal trinken, die Knechte
15 niederzumachen. Dann habt ihr nachher mit den Herren leichteres Spiel." „Wir wollen tun, wie du sagst", erwiderte Blödel.
Kriemhild nahm zur Tafel ihren kleinen Sohn mit in den Saal. Etzel sprach zu den Brüdern: „Hier seht ihr mein und eurer Schwester Kind. Ich wünsche mir, dass er euch gleich werde. Ich
20 bitte euch, nehmt ihn mit nach Worms und macht ihn an eurem Hofe zu einem rechten Ritter. Ich trenne mich ungern von ihm, aber ich habe gesehen, dass ihr meinen Hunnen in ritterlichen Künsten überlegen seid. Darum möchte ich, dass er bei euch erzogen wird. Er soll einmal das Zepter führen über viele Länder

und Völkerschaften, deshalb muss ich ihm die beste Erziehung zuteil werden lassen. Die aber findet er bei euch im Westen." „Wenn er werden soll wie wir, muss er noch sehr wachsen, er sieht so erbärmlich aus", sagte Hagen gehässig. Kaum hatte er diese Worte ausgesprochen, da wurde die Türe des Saales aufgerissen und auf der Schwelle stand bluttriefend Dankwart, Hagens Bruder und der Führer der Burgundischen Dienstleute. „Sie sind alle tot", schrie er, „ich bin allein übrig geblieben." „Wer tat das?", rief Hagen. „Blödel, König Etzels Bruder", erwiderte Dankwart. „Nun soll das Fest beginnen!", schrie Hagen und zog das Schwert aus der Scheide. Da sah er Etzels Kind vor sich stehen und hieb ihm den Kopf herunter, dass das Blut der Königin in den Schoss sprang. Da schrien alle vor Entsetzen laut auf, alle Schwerter wurden bloß. Und diesmal gebot Etzel nicht, sie wieder einzustecken; denn die Burgunder hatten sein Kind ermordet. Dietrich von Bern aber erbat für sich und die Seinen und alle, die mit dem unseligen Kampfe nichts zu tun haben wollten, freien Abzug. Er nahm auch seinen geliebten Herrn, den König Etzel, und seine Gemahlin Kriemhild mit hinaus. Auch Rüdiger von Bechlagen schloss sich ihm an. Niemand wagte die anzurühren, die Dietrich in seinen starken Schutz genommen hatte. Nachdem sie den Saal verlassen hatten, begann drinnen ein entsetzliches Morden. Die Hunnen wurden alle von den Burgundern erschlagen. Doch Etzel und Kriemhild sandten immer neue Kämpfer in den Saal. Aber die Burgunder erwehrten sich aller, bis die Schatten der Sonnenwendnacht die Erde bedeckten. Da ließen sie ab vom Kampfe.

Der Burgunder Treue

Die drei Brüder traten vor das Tor der Halle und Giselher, der jüngste, sprach zu Kriemhild: „Oh, Schwester, wie hast du uns betrogen! Wir kamen als Freunde und voll Vertrauen hierher. Nicht hätte ich gedacht, als du mich zum Willkommen küsstest, dass du auf meinen Tod sinnst. Was würde unsere Mutter sagen, wenn sie das wüsste? Hast du denn so ganz vergessen, wie wir Kinder waren zu Worms am Rhein und zusammen spielten? Ich habe dich immer geliebt und tat dir nie etwas zuleide. Oh, hab doch Erbarmen mit mir!" „Mit mir hat auch keiner Erbarmen

gehabt, als Hagen Siegfried erschlug", erwiderte Kriemhild hart.
„Hast du Siegfried etwa gewarnt, als er in den Odenwald ritt?
Aber dennoch will ich dir verzeihen. Ich habe den Tod meiner
Brüder nicht gewollt, als ich euch einlud. Ich habe nur an Hagen
5 gedacht, als ich den Streit begann. Nicht ahnte ich, dass so viele
tapfere Helden um meinetwillen den Tod finden sollten. Gebt mir
Hagen von Tronje heraus, so will ich euch gewähren, was ihr
wollt!" „Da sei Gott vor", sprach Gernot, „dass wir den verlassen,
der uns nie verließ." „Lieber wollen wir das Leben verlieren, als
10 treulos werden an unserm Getreuesten", sagte Giselher. „Dann
nehmt euch in Acht", sprach Kriemhild und ging.

Wie Kriemhild den Saal anzünden ließ

Die Königin ließ Stroh und Reisig und Stöße von Holz und Fässer
voll Pech rund um den Saal aufschichten und an allen Ecken an-
zünden. Die Burgunder wollten zur Tür hinausbrechen, aber da
standen brennende Pechsäulen und Pfeile schwirrten aus der
5 Dunkelheit. Da bemächtigte sich die Verzweiflung der Männer.
Doch Hagen befahl: „Niemand darf sich verloren geben, solange
er lebt. Decke und Boden sind aus Stein. Reißt die Teppiche von
den Wänden und tretet sie in das Blut. Dann stellt euch dicht an
die Mauern und haltet die Schilde über den Kopf, dass euch die
10 Funken nicht treffen." Das taten alle. Aber sie litten furchtbare
Qualen. Manche erstickten im Rauch, manchen verbrannte die
Haut, weil die Panzer vom Feuer glühend wurden. Alle aber wurden von furchtbarem Durst geplagt. Gegen Morgen verzehrte sich
das Feuer selbst. Da kamen die Hunnen und dachten, die Bur-
15 gunder wären tot. Volker aber rief: „Wir leben noch. Kommt nur
heran!" Der Kampf begann von Neuem. Kriemhild ließ Schilde
voll Gold vor sich auf die Erde stellen und versprach sie dem, der
ihr Hagen tot oder lebendig brächte. Dann ließ sie den Mark-
grafen[1] Rüdiger von Bechlaren zu sich rufen.

---

[1] Königlicher Amtsträger in den Grenzlanden

Rüdiger

Kriemhild sprach zu Rüdiger: „Hast du vergessen, was du mir
gelobtest, als du für König Etzel um mich warbest? Du schworst
mir, dass du all mein Leid rächen wolltest. Wie hältst du nun deine Eide?" „Wie kann ich gegen die, die ich selbst in dieses Land
5 geleitete, und gegen den, dem ich mein eigenes Kind verlobte,
das Schwert erheben?", sagte Rüdiger, „ich will euch in allem wil-
lig dienen, aber in diesem einen ist es mir ganz unmöglich." „Ich
gab dir Land und Burgen und Städte und Reichtum und nun, wo
ich deines Dienstes bedarf, lässt du mich im Stich. Ist das die
10 Mannentreue, die du mir gelobt hast?", sagte Etzel. „Deine neue
Verwandtschaft entbindet dich nicht vom Lehenseid, den du mir
geleistet hast." „Mein Herr und König", sagte Rüdiger, „nehmt
mir alles, was mir eure Gnade je gegeben hat, Land und Burgen,
Städte und Reichtum, nehmt mein Leben." „Das kann mir nicht
15 helfen, mit dem Schwert sollst du für mich kämpfen", erwiderte
Etzel. Da begann Rüdiger zu klagen und sagte: „In meinem
ganzen Leben habe ich versucht, Recht zu tun und einen geraden
Weg zu gehen. Immer habe ich mein Wort gehalten. Nichts war
mir mehr verhasst als Treubruch. Jetzt bin ich so verstrickt, dass
20 ich dem einen oder dem anderen Wort und Treue brechen muss.
Es gibt keinen Ausweg. Was ich auch tun mag, immer tue ich
Unrecht. Auf welcher Seite ich auch bin, so ist mein Herz doch
auf der andern und streitet wider mich. Jetzt sehe ich, dass das
Schicksal ohne Erbarmen ist und dass ihm niemand entgehen
25 kann!" Als Kriemhild das hörte, begann auch sie zu weinen und
entsetzte sich vor dem, was sie angerichtet hatte.
Rüdiger aber waffnete sich und ging mit den Seinen vor den Saal.
Giselher sah ihn zuerst und rief: „Das ist gut, dass du kommst,
Rüdiger, so werden wir endlich aus diesem Grabe befreit!" Rü-
30 diger aber sprach: „Ich komme, gegen euch zu streiten, wie ich es
Etzel geschworen habe!" „Das ist nicht dein Ernst. Du kannst
nicht deine eigene Tochter zur Witwe machen wollen", sagte Giselher. „Lasst es das Kind nicht entgelten, was ich gegen meinen
Willen an euch tun muss", sagte Rüdiger. „Seid ihr gnädig und
35 freundlich, wenn ihr heimfahrt in euer Land, was Gott geben möge." Da trat Hagen vor und sprach: „Als ich noch euer Freund und

Gast war, da habt ihr mir einen Schild geschenkt. Er hat mich bewahrt vor manchem bösen Streich. Aber seht her, nun ist er ganz zerhauen. Dahinter lässt sich schlecht streiten." Da nahm Rüdiger seinen Schild und reichte ihn Hagen. Der aber sprach: „Nun sehe
5 ich doch, dass sich in unserem Verhältnis nichts geändert hat. Und ich sage euch, es sei ferne von mir, gegen Rüdiger das Schwert zu erheben." „Ich kämpfe gegen keinen, dem Hagen Frieden bot", sagte Volker. „Auch ich streite nicht wider Rüdiger", sprach Giselher. Die drei traten beiseite. Rüdiger aber hob Schild und Schwert
10 und stürmte an ihnen vorbei in den Saal hinein und wütete furchtbar unter den Burgundern. Als Gernot das sah, sprach er: „Ich kann nicht länger zusehen, wie er mir die Besten erschlägt." Er bahnte sich einen Weg zu Rüdiger hin. Rüdiger schlug mit seinem scharfen Schwert durch Gernots kieselharten Helm. Der Todwun-
15 de versetzte Rüdiger mit letzter Kraft einen so gewaltigen Schlag auf das Haupt, dass er niederstürzte in sein Blut. So fielen die Freunde im Sturme einer von des anderen Hand. Da klagte Hagen von Tronje laut und alle Burgunder mit ihm. Sie stürzten sich auf die Mannen Rüdigers und keiner von denen von Bechlaren behielt
20 das Leben. Aber auch von den Burgundern waren jetzt nur noch wenige übrig. Sie traten vor die Tür des Saales, um frische Luft zu schöpfen. Da saß Kriemhild an den Stufen der Treppe. Sie hatte sich dort zusammengekauert; denn sie wollte den Todesschrei Hagens hören und sich daran weiden. In ihren Augen brannte ein
25 höllisches Feuer und in ihren Zügen war nichts Menschliches mehr. Als jedoch der Lärm des Kampfes schwieg, schrie sie: „Rüdiger hat uns verraten. Er hat Frieden gemacht mit unseren Feinden!" „Ja", rief Volker, „er hat Frieden gemacht. Aber nicht mit uns allein, mit aller Welt!" Volker hob den Leichnam Rüdigers auf sei-
30 nen Armen hoch. Da schrie die Königin laut auf vor Schmerz und Zorn wie ein wildes Tier. Ein lautes Wehklagen erhob sich und hallte schauerlich über den Hof.

Des Kampfes Ende

Als Dietrich von Bern, der trauernd mit den Seinen in seinem Gemache saß, hörte, dass die Burgunder den edlen Rüdiger erschlagen hätten, sandte er seinen Waffenmeister Hildebrand aus,

um zu erfahren, wie das hätte geschehen können. Die anderen Mannen Dietrichs schlossen sich Hildebrand an, denn sie wollten sehen, wie der Kampf stünde. Wolfhart, Dietrichs jüngster Gefährte, sagte zu Volker: „Es wird ewig eine Schande für die Bur-
5 gunder bleiben, dass sie Rüdiger erschlugen." Darüber wurde der Fiedler zornig. Eine Weile noch stritten Goten und Burgunder mit Worten, alsbald aber hieben sie mit Schwertern aufeinander ein. Da fiel Volker von Hildebrands Hand und sang sterbend ein Lied, nicht eines von Kampf und Streit, nein, eine zarte Liebes-
10 weise. Wolfhart und Giselher erschlugen einer den andern. Nun traten die letzten Burgunder die Todesfahrt an. Nur Gunther, der König, und Hagen von Tronje blieben übrig. Von Dietrichs Mannen überlebte nur Hildebrand den Kampf. Er meldete seinem Herrn, dass alle seine Getreuen tot seien. Da weinte Dietrich laut.
15 Nach einer Weile aber ermannte er sich, nahm Schild und Schwert und ging vor den Saal. Als Hagen ihn kommen sah, freute er sich unbändig auf den Kampf mit demjenigen, der als der beste Recke in Etzels Landen gerühmt wurde. Er schwang sein Schwert und rief: „Nun wollen wir sehen, wer von uns bei-
20 den der Stärkere ist." Dietrich aber sprach voll Trauer: „Ich bin nicht gekommen, um das Leid noch zu vergrößern. Ihr habt mir heimatlosem Mann maßloses Weh bereitet. Alle, die mir lieb waren, liegen erschlagen. Aber was hülfe es den Toten, wenn ich euch erschlüge? Auch eure Freunde haben ihr Leben lassen müs-
25 sen. Oh, gedenkt ihres qualvollen Sterbens und lasst endlich des Mordens genug sein. Gebt mir die Hand. Ich führe euch sicher hinweg von dieser Stätte des Grauens und bringe euch heil zurück an den Rhein." „Das verhüte Gott", sprach Gunther, „dass wir uns kampflos ergäben. Wir müssten uns ja vor den Toten
30 schämen, wenn wir das täten. Unser Leben können wir lassen, wenn das Schicksal es so will, aber niemand soll sagen, wir hätten die Ehre gelassen." „Dann rüstet euch zum Kampf", sprach Dietrich, „ich hätte ihn gern vermieden." Schon sprang Hagen ihm von der Stiege entgegen und drang mit gewaltigen Schlägen auf
35 ihn ein. Doch ehe Hagen wusste, wie ihm geschah, ließ Dietrich Schild und Schwert fallen, sprang blitzschnell gegen Hagen, umschloss ihn mit seinen Armen wie mit eisernen Klammern und

band ihn mit Riemen. Hagen aber schrie: „Was habt ihr mit mir
vor? Durchstoßt mich doch mit eurem Schwert. Ich will nicht
übrig bleiben, wo alle untergingen." Dietrich aber trug ihn gebunden zur Königin. Da schrie Kriemhild auf in wilder Freude und
5 rief: „Ich bin am Ziel." Dann neigte sie sich wieder und wieder vor
Dietrich und sprach: „Ich will's euch ewig danken. Wünscht euch
zum Lohne, was ihr wollt, es sei euch gewährt." „Frau Königin",
sprach er mit Nachdruck, „ich wünsche, dass ihr königlich handelt an Hagen von Tronje, den ich in eure Hände gab. Lasst es
10 mich nicht gereuen." „Ich will ihn gut verwahren", antwortete
Kriemhild, und als Dietrich gegangen war, um auch Gunther zu
bezwingen, ließ die Königin Hagen ins Verlies[1] werfen. Dietrich
aber tat mit Gunther genau so, wie er mit Hagen getan hatte.
Gunther aber sprach: „Schwerer ist mir das Leben, als der Tod es
15 wäre. Ich flehe euch an, gebt mir den Tod!" Dietrich aber brachte
ihn gebunden zu seiner Schwester und sprach zu ihr: „Herrin,
bedenkt, dass König Gunther euer Bruder ist!" „Er soll mir von
Herzen willkommen sein", sagte Kriemhild und verneigte sich
voll Spott und Hohn vor Gunther. Nachdem sie ihn in ein Verlies
20 hatte werfen lassen, befahl sie Hagen zu sich. Sie maß ihn mit
Blicken, in denen loderte all der Hass empor, der sich seit Siegfrieds Tod in ihrem Herzen gegen Hagen gesammelt hatte. Sie
sprach: „König Dietrich bittet, dass ich euch lebend heimkehren
lasse ins Burgunderland. Aber ehe ihr von hinnen fahrt, verlange
25 ich zu wissen, wo ihr den Nibelungenhort, den ihr mir geraubt
habt, verborgen haltet." Hagen erwiderte: „Ich habe geschworen,
den Ort niemandem zu verraten, solange noch einer von meinen
Herren lebt." Da ging Kriemhild hinaus; nach einer Weile kehrte
sie zurück und trug das abgeschlagene Haupt ihres Bruders Gun-
30 ther an den Haaren in den Saal und hielt es Hagen vor die Augen.
„Deiner Eide bist du ledig. Nun rede", herrschte sie ihn an. „Ich
dachte, dass es so kommen würde", erwiderte Hagen, und seine
Stimme zitterte nicht, „aber glaube nicht, dass ich dir jetzt den
Schatz verrate. Nun, da keiner mehr lebt von den Königen der
35 Burgunder, weiß niemand den Schatz als ich allein. Ich aber wer-

---

[1] unterirdisches Gefängnis

de schweigen." Da zog Kriemhild langsam Siegfrieds Schwert Balmung aus der Scheide. „Gedenkst du des Brunnens noch im Odenwalde, Hagen von Tronje?", fragte sie. „Es ist mir nicht leid um das, was geschah", erwiderte Hagen. „So empfange nun den
5 Lohn", schrie Kriemhild und hieb dem Mörder Siegfrieds mit dem Schwerte Balmung den Kopf ab.

Das war das Ende der Burgunder. Aber mit ihrem Untergang ist die Geschichte vom Nibelungenhort nicht zu Ende. Immer noch liegt der Schatz im Rhein verborgen. Die Völker des Abendlandes
10 ließen sich das Schicksal Siegfrieds und der Burgunder nicht zur Warnung dienen. Von Ost und West her strecken sie die Hände nach dem Golde aus, das heraufglänzt aus den wogenden Wassern des Rheines. Und noch immer ist kein Ende des Brudermordens um des Goldes willen.

Die Nibelungensage als Film

Die Nibelungensage ist mehrfach verfilmt worden. Die folgenden Abbildungen stammen aus einer Verfilmung aus dem Jahre 1924 unter der Leitung des berühmten deutschen Regisseurs Fritz Lang. Mit dem Text zuvor lassen sich die Bilder leicht der Handlung zuordnen.

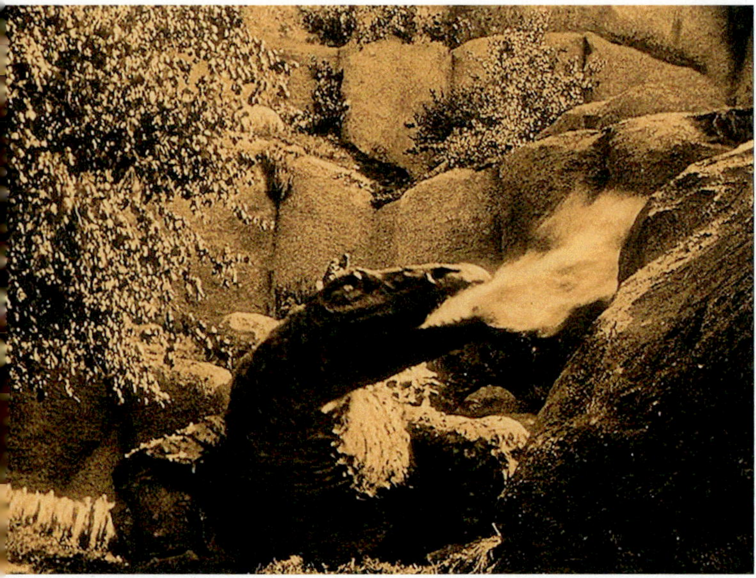

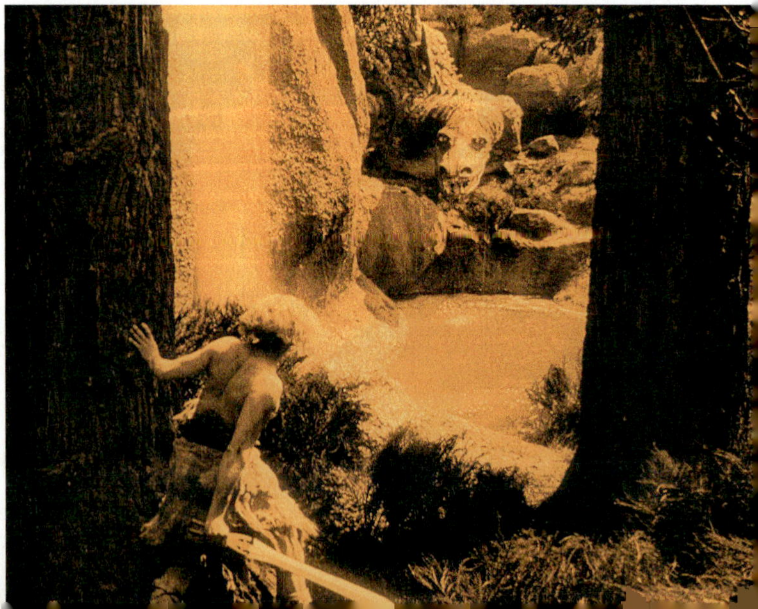

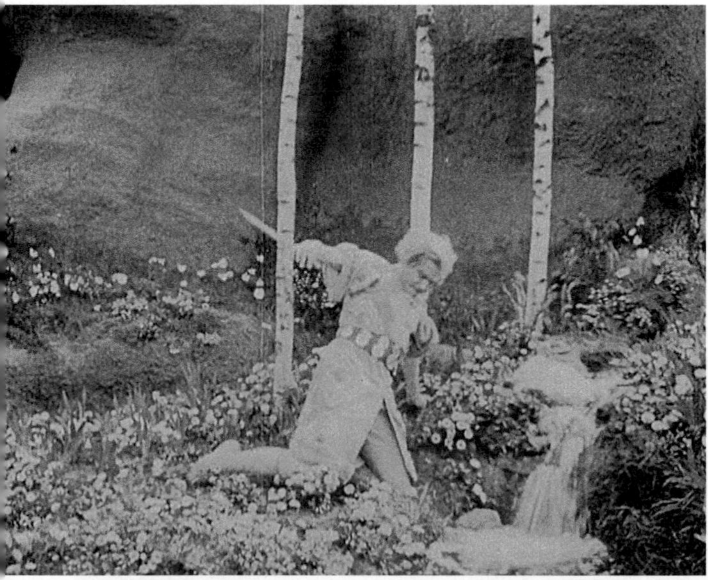

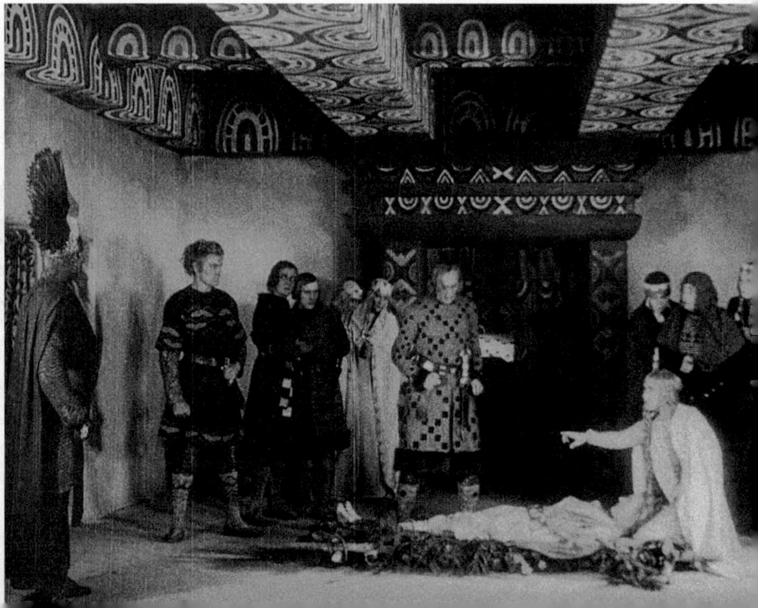

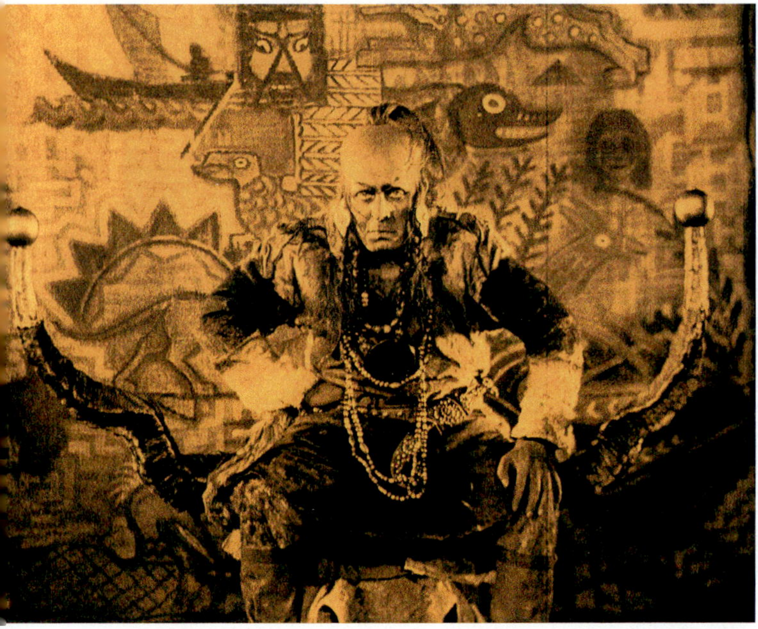

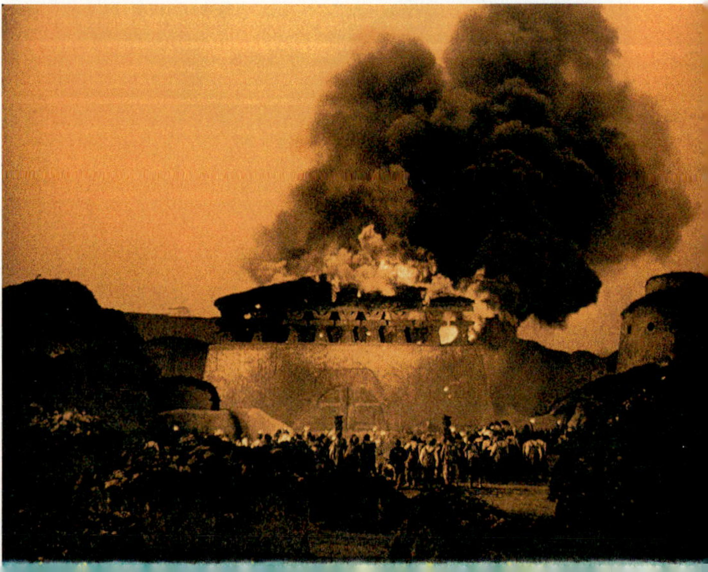

Parzival

Gachmuret

Gachmuret war der Sohn des Königs Gandin von Anjou in Nordfrankreich. Als der Vater starb, erbte Gachmurets älterer Bruder Krone und Land. Da ritt Gachmuret, ausgerüstet mit den besten Waffen, in die Fremde, um in ritterlichen Kämpfen Ruhm und
5 edler Frauen Gunst zu gewinnen. Auf seinen abenteuerreichen Fahrten kam er sogar bis ins ferne Morgenland und erkämpfte dort dem Kalifen[1] von Bagdad den Sieg über den König von Babylon. Von Asien zog er nach dem Norden Afrikas und befreite die Mohrenkönigin Belakane von Feinden, die sie hart bedrängten.
10 Zum Dank dafür reichte Belakane ihm ihre Hand zum Ehebunde. Doch nicht lange währte der Mohrenkönigin Glück. Nachdem Gachmuret alle ihre Feinde geschlagen und ihrem Reich den Frieden gesichert hatte, verlangte es ihn nach neuen Taten. Er wurde immer unruhiger; eines Tages konnte er seinen Durst nach neu-
15 en Abenteuern nicht mehr bezwingen und er verließ seine Gemahlin. Die Sehnsucht nach Ritterdienst und Ruhm hatte in seinem Herzen über die Liebe zu Belakane gesiegt. Die Mohrenkönigin weinte bitterlich, denn sie hatte Gachmuret sehr lieb. In ihrem Leide gab sie einem Sohn das Leben, der war am ganzen
20 Leibe schwarz und weiß gefleckt. Deshalb nannte sie ihn Feirefis, d.h. nämlich: der Elsternfarbige.

Nach langer Seefahrt landete Gachmuret in Spanien. In der Stadt Kanvoleis beteiligte er sich an einem Turnier, das die schöne, junge Königin Herzeloyde veranstaltete. Als Siegespreis hatte sie sich
25 selbst und ihr Land geboten. Gachmuret übertraf im Kampf alle anwesenden Ritter an Mut und Kraft, an Tapferkeit und Gewandtheit. So gewann er das Kampfspiel. Als er aber Frau Herzeloyde zur Gemahlin nehmen sollte, da gedachte er der verlassenen Belakane. Aber die Kampfrichter sagten, er habe gewonnen und
30 müsse nun auch den Preis nehmen und im Übrigen sei Belakane eine Heidin gewesen, deshalb sei die Ehe mit ihr ungültig. Diesem Spruche beugte sich Gachmuret. Die Hochzeit wurde mit

---

[1] islamischer Herrscher in der Nachfolge Mohammeds

großer Pracht gefeiert und Herzeloydens Liebe ließ Gachmuret
die Mohrenkönigin bald vergessen. Den Drang nach ritterlichen
Taten jedoch, den vermochte auch die zweite Gemahlin in
Gachmurets kühnem Herzen nicht zu ersticken. Weiterhin er-
5 focht der tapfere Mann in manchem Turnier zu Ehren Herzeloydens den Sieg. So verging ein Jahr. Da kam Botschaft vom Kalifen
von Bagdad, dass seine alten Feinde ihn aufs Neue bedrängten.
Da hielt es den tatendurstigen Gachmuret nicht länger daheim.
Er nahm Abschied von seiner Gemahlin und zog gen Morgen[1],
10 um dem Kalifen Hilfe zu bringen. Aber es sollte seine letzte Rit-
terfahrt werden. Fern im Orient fand Gachmuret bei einem Zweikampf den Tod. Als Herzeloyde die schlimme Kunde empfing,
wusste sie sich vor Schmerz nicht zu lassen. In ihrem Leide gebar
sie einen Sohn, den nannte sie Parzival.

Parzivals Kindheit

Herzeloyde entdeckte alsbald im Gesichtchen ihres Kindes die
Züge Gachmurets. „Er wird wie sein Vater", jubelte sie. Und es
war das erste Mal seit Gachmurets Tod, dass sie sich wieder freu-
en konnte. Doch sogleich stieg eine entsetzliche Angst in ihrem
5 Herzen auf. „Auch Abenteuerdurst und Tatendrang Gachmurets
werden in Parzival stecken", dachte sie, „und wenn er groß ist,
dann wird er mich verlassen und genau wie sein Vater in die Welt
hinausziehen und nimmermehr wiederkommen." Von solchen
Gedanken bewegt fasste sie den Entschluss, alles zu tun, was in
10 ihrer Macht stände, um ihr Kind vorm Rittertum mit seinen
Kämpfen und Gefahren zu behüten. „Nie soll er erfahren, was
Rittertum ist", sprach sie. Sie befahl ihren Knechten, auf einer
weit entfernten, weltabgeschiedenen Waldlichtung ein einfaches
Blockhaus zu bauen, und als es fertig war, entsagte sie der Macht
15 und Herrschaft in ihrem Reich, verließ mit ihrem Kind und einer
kleinen Schar treu ergebener Knechte und Mägde die Stadt und
bezog das Haus in der tiefen Waldeseinsamkeit. Fortan führte die
Königin ein bescheidenes Leben. Alles das tat sie, weil sie meinte,

---

[1] nach Osten

auf diese Weise ihren Sohn vor Gefahren und frühem Tod bewahren zu können.

Parzival wuchs also nun fern von Burg und Stadt und Turnierplatz im Walde heran. Morgens wusch er sich am klaren kühlen
5 Bach, dann streifte er froh und sorglos durch die Berge. Er freute sich an den bunten Blumen, jagte den Schmetterlingen nach, schaute den Eichkätzchen[1] zu, die flink von Ast zu Ast sprangen, und lauschte dem Gesang der Vöglein. Die Knechte zeigten ihm, wie man Bogen und Pfeile schnitzt, und Parzival schoss nach den
10 kleinen Sängern. Aber wenn er sie getroffen hatte und sie dann tot und stumm vor ihm lagen, bereute er, was er getan, und weinte bitterlich. Eines Tages, als er wieder dem Gesang eines Vogels lauschte, spürte er auf einmal in seiner Brust ein unnennbares Weh; Sehnsucht, die er bisher nicht gekannt, stieg in seinem Her-
15 zen auf, er wusste aber selbst nicht, welchem Ziel diese Sehnsucht galt. Er wusste sich nicht zu helfen, lief zur Mutter und barg sein tränenüberströmtes Gesicht in ihrem Schoß. Da befahl Herzeloyde ihren Knechten, sie sollten die Vöglein mit Netzen und Pfeilen austilgen, weil sie das Herz ihres Knaben mit ihrem Sin-
20 gen so mächtig erschütterten. Parzival aber fragte: „Mutter, was haben denn die armen Vöglein getan, dass die Knechte sie fangen und würgen?" Da schämte Herzeloyde sich ihres Befehls und sprach: „Wir tun wider Gottes Gebot, wenn wir die Tierlein morden, denn er hat sie geschaffen, dass sie singen sollen, ihm selbst
25 und uns zur Freude." „Oh, Mutter, was ist denn Gott?", fragte verwundert der Knabe. Die Mutter antwortete: „Gott ist licht, Gott ist gut, Gott hilft." Parzival aber sprang wieder fort in den Wald.

Parzivals Aufbruch zum Rittertum

Eines Tages streifte Parzival im Walde mit seinem Kinderspeer den Hirschen nach. Gerade hatte er sich ein Blatt von einem Baum gepflückt, um darauf zu zirpen, da vernahm er Klänge, wie er sie noch nie gehört hatte: Pferdegetrappel und Schellen-
5 geläut und alsbald erblickte er drei Reiter, die auf stolzen Rossen gegen ihn heransprengten. Ihre prächtigen Rüstungen fun-

---

[1] Eichhörnchen

kelten im Sonnenglanz. Weil die Mutter gesagt hatte: „Gott ist licht", hielt Parzival jeden der drei glänzenden Männer für einen Gott. Er warf sich mit gefalteten Händen vor ihnen auf die Knie und rief: „Hilf, Gott, du kannst wohl Hilfe spenden!" Die

5 Ritter waren unwillig über den Aufenthalt, doch als sie Parzivals edlen Wuchs und seine Schönheit sahen, wurden sie freundlich und der Vorderste sprach: „Steh auf, Knabe, ich bin nicht Gott, doch stehe ich in seinen Diensten. Ein Ritter bin ich wie die anderen Männer, die du hier bei mir siehst." Parzival sprach:

10 „Wenn alle Ritter so sind wie ihr, dann möchte ich auch ein Ritter sein!" Der Fremde antwortete: „Wenn du ein Ritter werden willst, dann musst du in die Stadt Nantes[1] an den Hof des Königs Artus gehen. Der verleiht dir Ritterschaft. Doch nun halte uns nicht länger auf, denn wir haben noch weit zu reiten heut."

Die Reiter gaben ihren Rossen die Sporen und jagten davon.

15 Parzival aber lief geschwind zur Mutter und erzählte ihr mit leuchtenden Augen und glühenden Wangen alles, was er gesehen und gehört hatte. „Gib mir ein Pferd und lass mich zu König Artus ziehen. Ich muss ein Ritter werden!", so bat er stürmisch. Herzeloyde war zu Tode erschrocken. Alles, was sie un-

20 ternommen hatte, um ihr Kind vorm Rittertum zu bewahren, war nun also fehlgeschlagen, vergeblich ihr Verzicht auf Reichtum, Macht und glänzendes Leben, umsonst ihre Flucht in diese Einsamkeit. In ihrer Herzensangst erzählte Herzeloyde ihrem Sohn, wie sein Vater im Kampf das Leben verloren habe

25 und wie freudlos dadurch ihr Leben geworden sei. „Bleib bei mir", so beschwor sie ihr geliebtes Kind, „ich müsste sterben, wenn auch du mich verließest!" Doch all ihr Bitten konnte ihr nichts nützen. Des Vaters kühner Mannesmut, sein Tatendrang, seine Sehnsucht in die Ferne waren in dem Sohn er-

30 wacht und ließen sich nicht mehr eindämmen. Unwiderstehlich trieb es ihn aus dem stillen Frieden des Waldes, aus der Geborgenheit des mütterlichen Hauses hinaus in Kampf und Gefahr, zu Ehre und Ruhm ritterlichen Lebens.

---

[1] Großstadt im Westen Frankreichs

Als Herzeloyde sah, dass all ihr Flehen umsonst war, beschloss sie zu einer List zu greifen, um Parzival von seinem Vorhaben abzubringen. Sie ließ ihm Narrenkleider machen und hoffte, er werde, durch den Spott der Leute erschreckt, umkehren.

5 Noch eine letzte Nacht weilte Parzival im Hause seiner Mutter. Sie saß traurig am Lager ihres Kindes und dachte voller Sorge daran, dass Parzival der Welt gänzlich unkundig sei. „Wie soll er sich nur in der Fremde zurechtfinden, er ist ja so unerfahren", ängstigte sie sich. Sie wollte ihm wenigstens einige gute Ratschläge mitge-
10 ben auf den Weg und so sprach sie zu ihm: „Meide ungebahnte Wege und dunkle Furten; biete den Leuten, die dir begegnen, einen freundlichen Gruß; wenn du einen weisen Mann triffst, so bitte ihn, dass er dich belehrt, und höre auf seinen Rat. Wenn du von einer edlen Frau Gruß und Ring erhalten kannst, so zögere
15 nicht, sondern nimm. Aber wenn du eine Frau wählst, sieh weniger auf die äußere Schönheit als darauf, dass sie ein gutes und reines Herz hat. Dann wird ihr Kuss dir frohen Mut geben." Frau Herzeloyde hätte noch tausend gute Lehren anknüpfen mögen, um ihrem Kind die bösen Erfahrungen, die das Leben bereitet, zu
20 ersparen. Aber Parzival fielen die Augen zu und er schlief ein. Als der Morgen graute, sprang er fiebernd vor Erwartung von seinem Lager auf, zog sein Narrenkleid an, sattelte sein Ross, nahm Abschied von der Mutter und ritt singend in die morgenfrische Welt hinein. Herzeloyde sah ihm nach, solange sie konnte. Als er aber
25 ihren Blicken entschwunden war, da brach ihr das Herz vor Leid und sie sank tot zur Erde nieder, Parzival aber ahnte nicht, dass seine Mutter das Leben verlor durch seine Schuld. Froh und unbekümmert trabte er dahin.

Unser törichter Knabe

Als Parzival an ein Bächlein kam, dessen Wasser von hohem Gras und Gebüsch beschattet war, gedachte er seiner Mutter Lehre: „Meide dunkle Furten", und weil er seiner lieben Mutter immer folgen wollte, so ritt er den ganzen Tag an dem Bache entlang und
5 setzte erst am Abend an einer Stelle, wo das Wasser silberhell über blanke Kiesel sprang, über. Er kam auf eine lichtgrüne, taufrische Wiese. Mitten darauf stand ein buntes Zelt aus kostbaren Sam-

metdecken[1] mit seidenen Schnüren und goldenen Borten. Neugierig blickte Parzival hinein und sah eine wunderschöne Frau schlummernd auf einem Ruhebett liegen. Es war die Fürstin Jeschute, die Gemahlin des stolzen Herzogs Orilus. An ihrem Finger funkelte ein Ring. Da erinnerte sich Parzival der Mutter Worte, die sie von Gruß und Ring der schönen Frau zu ihm gesprochen hatte. Hurtig trat er ins Zelt, küsste keck[2] die schöne Schläferin und zog ihr ungestüm den Ring vom Finger. Darüber erwachte sie und erschrak heftig, als sie den Eindringling erblickte. „Was fällt
Euch ein, eine Dame im Schlummer zu überfallen?", rief sie, „aber wartet nur, bis mein Gemahl, Herr Orilus, zurückkommt, dann werdet Ihr für Eure Frechheit büßen müssen." Parzival war ganz bestürzt. „Ich hab's nicht bös gemeint", sagte er treuherzig, „meine Mutter hat mich geheißen so zu tun. Ich bin schon einen ganzen Tag von ihr fort und jetzt hungert mich sehr. Ach bitte, gib
mir etwas zu essen!" Jeschute machte große Augen. Sie sah wohl, dass dieser Knabe nicht in böser Absicht gekommen war, aber sein Benehmen schien ihr doch gar zu sonderbar. Sie gab ihm Brot und gebratene Rebhühner zu essen und Wein zu trinken. Parzival schlang heißhungrig alles hinein, was sie ihm bot. Endlich mahnte
Jeschute ihn zum Aufbruch, aber den Ring forderte sie von ihm zurück. „Wenn du es so wünschst, muss ich ja wohl gehen", sagte Parzival. „Jedoch den Ring behalte ich zum Andenken." Dann küsste er die schöne Fürstin, obwohl sie sich heftig sträubte, noch einmal und ritt mit artigem Gruß von dannen und wusste nicht,
was er in seiner Torheit, ohne es zu wollen, angerichtet hatte. Denn als Herr Orilus zurückkehrte und sah, dass seine Gemahlin des Ringes, den er ihr gegeben, beraubt war, da glaubte er, sie habe ihm die Treue gebrochen. So sehr Jeschute auch ihre Unschuld beteuerte, er traute ihr nicht mehr und fortan musste sie schlechte
Magdkleider tragen und durfte nicht mehr an seiner Seite reiten, sondern musste ihm in weitem Abstand auf einem elenden Klepper[3] folgen.

---

[1] Samtdecken
[2] lebendig, munter, stark, forsch
[3] schlechtes Pferd

Zum zweiten Male unschuldig schuldig geworden, ritt Parzival
weiter seines Weges. Nach einer Weile sah er am Wegesrand eine
feine Maid[1] sitzen, die klagte laut, sie hätte ihr Lieb verloren. Sie
hielt in ihren Schoß gebettet das Haupt eines toten Ritters. Parzival wurde von Mitleid ergriffen. Er stieg ab, um sie zu trösten. Sie
erzählte ihm, sie heiße Sigune und der tote Fürst sei ihr Verlobter,
den habe Herzog Orilus soeben im Zweikampf getötet. Da schwor
Parzival ihr, er wolle ihr Leid rächen. Sigune fragte ihn nach seinem Namen. „Meine Mutter nannte mich: mein Sohn, mein Liebling, mein einziger Trost", antwortete Parzival. „Dann bist du ja
Parzival, mein lieber Vetter", rief Sigune, und nun erfuhr Parzival
von ihr seine Herkunft, dass er eines Königs und einer Königin
Kind sei. „Ich bin die Tochter von deiner Mutter Schwester", sagte
Sigune. Dann fuhr sie fort: „Nachdem deine Mutter sich in die
Einsamkeit zurückgezogen hatte, bemächtigte sich der Herzog
Orilus ihrer Länder. Ich verlangte als Preis für meine Hand von
meinem Verlobten, dass er deiner Mutter das Reich zurückge-
winne und Herzog Orilus für den Raub bestrafe. Deinetwegen
ward der Tote hier erschlagen. Nun ist alle meine Freude dahin!"
„Zeige mir den Weg, den Orilus geritten ist. Meines Spießes Ei-
sen soll ihn treffen!", rief Parzival. Wehmütig lächelnd blickte Sigune auf Parzivals Kinderspeer. Dann wies sie ihm einen Weg
entgegengesetzt zu dem, den Orilus genommen hatte, der ihn
aber in die Bretagne an den Hof des Königs Artus führen musste.
Abends musste Parzival Jeschutes Ring für ein armseliges Nachtlager in einer Fischerhütte an der Loire hingeben. Am anderen
Morgen geleitete der Fischer seinen Gast flussabwärts bis vor die
Stadt Nantes, in der König Artus Hof hielt. Dicht vor der Stadt sah
Parzival auf einem grünen Anger einen Ritter auf rotem Ross hal-
ten. Er trug eine Rüstung aus rotem Gold, feuerrot funkelten
Schild, Lanze und Schwert, rotes Haar quoll unter rotem Helm
hervor, rot war der Sammet der Satteldecke und hoch in seiner
Rechten hielt er einen goldenen Becher. Das war Herr Ither, der
Neffe des Königs Artus, den man wegen seines Aussehens den
roten Ither nannte. Parzival grüßte ihn. Der Ritter dankte und

---

[1] Mädchen

fragte: „Wohin geht die Reise?" „Zu König Artus!", antwortete Parzival. „Dann seid so gut und meldet ihm, dass ich, so wie ich
heute Morgen diesen Becher von des Königs Tafel nahm, Besitz
ergreifen will von meinem Erbteil, dessen Auslieferung König Ar-
5 tus mir verweigert. Wenn aber einer von des Königs Tafelrunde
mir den Becher wieder abgewinnt, so will ich meinen Anspruch
fahren lassen. Bleibe ich jedoch Sieger, dann nehme ich meinem
Oheim[1] Krone und Land weg!" Parzival versprach den Auftrag
auszurichten. Er ritt in die Stadt und kam an das Schloss. Ein
10 Knappe führte ihn in den großen Festsaal. Dort saß König Artus
mit den berühmtesten Rittern des Abendlandes an einem großen
runden Tisch beisammen. Auch viele vornehme Damen waren
zugegen. Parzival wusste nicht, wer von den vielen glänzenden
Rittern der König sei, dem er die Botschaft Ithers ausrichten solle.
15 Deshalb rief er sie einfach laut in den Saal hinein. Er schloss mit
der stürmischen Bitte: „Lasst mich mit dem roten Ither kämpfen,
ich bring Euch den Becher wieder!" König Artus aber schüttelte
das Haupt: „Du bist ja noch ein Knabe und hast nicht einmal eine
Rüstung! Wie willst du den stärksten Ritter meines Landes besie-
20 gen?" Da sprach der Seneschall[2] Keye: „Lassen wir doch dem Kleinen seinen Willen. Wenn er den Ither erschlägt – uns kann es
recht sein. Wird er aber erschlagen – nun gut, was schert uns das
Leben des fremden Kindes!" „Ich will euch zeigen, wer der Kleine
ist!", rief Parzival zornig und bestürmte den König noch heftiger
25 als zuvor mit seinen Bitten. Da gab König Artus zuletzt widerstre-
bend seine Einwilligung. Brennend vor Kampfbegier eilte Parzival hinaus. Da klang plötzlich helles Frauenlachen durch den
Saal. Kunneware, die schöne, stolze Schwester des Herzogs Orilus, die geschworen hatte, nicht eher zu lachen, als bis sie den
30 größten Helden gesehen hätte, brach beim Anblick des hübschen
Jungen, der sich im Narrenkleid gar seltsam zwischen den vornehmen Herren und Damen der Hofgesellschaft ausnahm, in
schallendes Gelächter aus. Der Herr Seneschall Keye aber, der
sich immer um ihre Gunst bemüht hatte, dem sie aber nie ein

---

[1] Onkel
[2] oberster Beamter am Hofe (wörtlich: Altknecht)

Lächeln geschenkt hatte, geriet in Wut, als er sah, wie sie dem
jungen Toren zulachte, und schlug sie mit seinem Stabe auf den
Rücken. Der Ritter Antanor aber, der nicht eher sprechen wollte,
als bis Kunneware gelacht hätte, sagte zornig zu Keye: „Herr Se-
5 neschall, dieser Schlag wird euch teuer zu stehen kommen!" Als
Antwort gab Keye ihm eine Ohrfeige. Parzival hatte alles gesehen.
Der Wurfspieß zuckte ihm in der Hand. Doch er beherrschte
sich, aber in seinem Herzen gelobte er, der Dame und dem Ritter
Genugtuung zu verschaffen für die Misshandlung, die sie seinet-
10 wegen vom Seneschall erlitten hatten. – So erfüllten sich die Zeichen, die den größten Helden ankündigten. Aber die Menschen
verstanden sie nicht.

Als der rote Ither Parzivals Aufforderung zum Kampfe vernahm,
da lachte er nur. Empört fasste Parzival Ithers Ross beim Zügel.
15 Da wurde es Ither zu bunt und mit umgekehrtem Lanzenschaft
stieß er Parzival vom Pferde, dass er ins Gras purzelte. Blitzschnell sprang der Jüngling empor und stach dem Ritter wider
allen ritterlichen Brauch mit seinem Kinderspeer durch die Augen, dass er tot zu Boden sank. Aber damit nicht genug, beging
20 Parzival zum Mord auch noch Leichenraub an Ither. Er zog ihm
die Rüstung ab und legte sie sich selbst über sein Narrengewand
an. Dann schwang er sich auf Ithers edles Ross. Einem Knappen,
der von fern dem Kampfe zugeschaut hatte und nun herankam,
trug Parzival auf, dem König Artus den zurückgewonnenen gol-
25 denen Becher zu überbringen. Dann ritt Parzival davon und dachte nicht darüber nach, dass er ein großes Unrecht an Ither be-
gangen hatte. So war sein Eintritt in die Welt mit schwerer Schuld
verknüpft. Aber er war sich dessen nicht bewusst und fühlte nicht
die leiseste Reue. Unbeschwert galoppierte er auf Ithers feurigem
30 Ross dahin und richtete sein Sinnen und Trachten auf neue Taten.

Die Lehren des Gurnemanz

Als der Tag sich neigte, sah er die Zinnen einer Burg in der
Abendsonne leuchten. Wie er weiter ritt, wuchs vor seinen Blicken langsam die ganze Burg mit ragenden Türmen und mächtigen Mauern aus den dunkelgrünen Wäldern auf. Vor dem Burg-

tor stand eine breitästige Linde. Darunter saß auf einer steiner-
nen Bank Fürst Gurnemanz, der Herr der Burg. Weiße Locken
umwallten sein ehrwürdiges Haupt. Aus seinen Augen leuchteten Milde und Weisheit. Als Parzival ihn sah, gedachte er sogleich
5 der Mutter Wort: „Wenn du einen weisen Mann triffst, bitte ihn,
dass er dich belehrt, und höre auf seinen Rat." Er grüßte ihn ehr-
fürchtig und bat ihn, er möge sich seiner annehmen; denn er sei
noch sehr unerfahren. Gurnemanz hieß ihn freundlich willkommen und führte ihn in die Burg. Die Ritter eilten herbei und for-
10 derten den Gast auf, abzusteigen und die Rüstung abzulegen, wie
es Brauch ist. Parzival aber wehrte heftig ab. Von seinem Rosse
steige er nicht herunter und seine Rüstung, die er sich heute erst
erstritten habe, die wolle er nie mehr von sich tun, sagte er. Mit
vieler Mühe ließ er sich endlich von Gurnemanz bewegen, sein
15 Pferd den Knappen zu übergeben und den Panzer auszuziehen.
Wie staunten die Knappen, als sie unter der Rüstung das Narrengewand erblickten. Ein Bad wurde dem Gast bereitet, dann legte
man ihm ein prächtiges höfisches Gewand an. Danach lud man
ihn zur Tafel. Mit Heißhunger verzehrte er, was Schüssel und
Kanne boten. Als er endlich gesättigt war, sagte er: „Ich bin müde.
20 Meine Mutter schläft gewiss schon längst!" Da konnten sich die
Ritter das Lachen nicht verbeißen. Gurnemanz aber führte ihn zu
seiner Schlafstätte.

Da der Fürst erkannt hatte, dass sein junger Gast völlig unerzo-
gen war, nahm er ihn am anderen Tage beiseite und lehrte ihn,
25 wie man sich bei Hofe zu benehmen habe. Mit den einfachsten
Dingen begann er. Er sagte ihm, was alles man bei Tische beach-
ten musse, dass man sich den Teller nicht so voll fülle, sich nicht
die größten Stücke und die besten Happen aus der Schüssel he-
rausfische, nicht zu hastig und nicht zu viel esse und trinke, son-
30 dern dass man bescheiden und mäßig sein müsse. Dann sprach
er davon, wie ein junger Mensch sich in Gesellschaft zu verhalten
habe, und zwar solle er in erster Linie zuhören, was die Herren
und Damen sprächen, nie solle er sich vordrängen. „Du sollst
nicht viel fragen!", sagte Gurnemanz. „Denn dadurch kann man
35 sich lächerlich machen. Man muss gut beobachten und nachden-
ken, dann findet man die Antwort in den meisten Fällen selbst."

Dann fragte Gurnemanz: „Habt Ihr gesehen, wie die Ritter gestern Abend lächelten, weil Ihr bei jeder Gelegenheit Eure Mutter
erwähntet? Ihr mögt immer getreulich an sie denken, mein junger Freund, aber sprecht nicht immer von ihr, wie die kleinen
5 Kinder tun. Es schickt sich überhaupt nicht, dass man seine Gefühle auf den Lippen trägt und zur Schau stellt. Man muss sich
weder Liebe noch Hass, weder Freude noch Kummer anmerken
lassen, sondern man muss seine Gefühle und Stimmungen be-
herrschen. Merkt Euch das für alle Zeiten. Wir in der höfischen
10 Gesellschaft fühlen uns unangenehm berührt beim Anblick eines
Menschen, der sich von der Freude berauschen oder vom Leid
niederdrücken lässt. Man darf niemals das seelische Gleichge-
wicht verlieren. Ausgeglichen, beherrscht und heiter in seinem
Wesen, unaufdringlich und höflich gegen andere: So wollen wir
15 den Menschen haben. Selbst das Kämpfen, was ja unsere Lebens-
aufgabe und unsere liebste Beschäftigung ist, darf man nicht
übertreiben. Man darf nicht Streit suchen um jeden Preis, sondern nur für ein hohes Ziel soll man kämpfen: für Gott, für den
Lehensherrn, dem man die Treue geschworen hat, und für die,
20 die unrechtmäßig bedrängt, schwach, hilflos und arm sind. Und
eines möchte ich Euch ganz besonders ans Herz legen: Seid groß-
herzig gegenüber dem besiegten Feind. Nichts ist verwerflicher,
als einen überwundenen Gegner zu beleidigen oder zu erniedri-
gen. Wenn Ihr dann heimgekehrt seid aus dem Kampf, dann legt
25 Eure Rüstung ab, nehmt ein Bad, zieht schöne Gewänder an und
öffnet Ohr und Herz der Dichtung und der Musik, widmet Euch
dem Tanze, dem geselligen Spiel, dem Gespräch mit Freunden
und seht zu, dass Ihr kein Haudegen werdet, sondern vor den
Frauen bestehen könnt.
30 Auch ein Wort über den irdischen Besitz möchte ich Euch sagen.
Strebt ruhig nach den Gütern dieser Welt: Land und Burg, tep-
pichgeschmückte Gemächer, edle Pferde, gute Waffen, schöne
Kleider, kostbarer Schmuck: das alles sind Dinge, die das Leben
angenehm machen können. Doch hängt Euer Herz nicht zu sehr
35 daran, es sind eben nur vergängliche Güter und die sind nicht die
Hauptsache im Menschenleben: Ein guter Charakter ist mehr
wert. Alle Güter dieser Erde sind Euch nichts nütze, wenn Ihr ein

liebloses und hartes Herz habt. Das Mitleid aber mit den Leidenden und Armen, das ist des Herzens höchste Tugend. Versäumt es niemals, Not zu lindern und zu helfen, wo immer Ihr könnt. Habt stets eine offene Hand für die Armen und hütet Euch
5 vor dem Geiz. Doch auch im Geben müsst Ihr das rechte Maß halten. Verschwendet Euer Hab und Gut nicht.

Das Beste aber, was einem auf Erden zuteil werden kann, ist: mit einer guten Frau in rechter Ehe leben. Ich will Euch nun das Geheimnis jener Heiterkeit der Seele, davon ich Euch eben sprach,
10 verraten. Wenn wir edle Frauen lieben und verehren, dann wächst in uns der frohe Mut, der uns so beschwingt macht, dass wir die Aufgaben, die das Leben uns stellt, mit Lust und Freude bewältigen, und alle Kämpfe kommen uns vor, als wären sie nur ein Spiel. Am wertvollsten aber ist die eheliche Liebe. Wer mit einer
15 guten Frau in rechter Ehe lebt, kann niemals freudlos werden."

Parzival hatte aufmerksam zugehört, während Gurnemanz sprach. Nun ließ der Burgherr die Rosse satteln und ritt mit seinen Rittern und seinem jungen Gast hinaus auf den Turnierplatz, Parzival wurde unterrichtet in der Kunst des Reitens und im rech-
20 ten Gebrauch von Speer und Schild und Schwert. Im Nu war Parzival Meister ritterlichen Kampfes und stach nacheinander im Zweikampf sämtliche Ritter des Gurnemanz vom Ross. Dessen hatten sie sich von dem Gast, der fast noch ein Knabe war, nicht versehen und konnten sich über seine edle Haltung, seine Ge-
25 wandtheit, seine Kühnheit, seinen Mut und seine Kraft nicht genug verwundern. Gurnemanz dachte: „Er ist ein geborener Ritter."

Nach den Kampfspielen ritten sie heim. Im Rittersaal war die Tafel festlich gedeckt. Liaße, des Burgherrn liebliche Tochter hieß
30 Parzival mit einem Kuss willkommen. Er aber, der eben noch so wacker die stärksten Ritter in den Sand geritten hatte, wurde rot vor Verlegenheit und führte sie unbeholfen zu Tisch. Doch nach und nach gewöhnte er sich an den Umgang mit ihr und den anderen vornehmen Frauen der Hofgesellschaft und lernte, was
35 sich ziemt[1]. Er wurde täglich vollkommener in allen ritterlichen

---

[1] was sich gehört

Tugenden und Gurnemanz, der seine drei Söhne, kurz bevor Parzival zu ihm kam, im Kampfe verloren hatte, gewann ihn lieb wie einen eigenen Sohn. Gern hätte er ihn als seinen Schwiegersohn für immer bei sich behalten, aber die Sehnsucht in die Ferne und
5 der Drang nach ruhmreichen Taten ließen Parzival nicht rasten und nicht ruhen, sondern trieben ihn wieder in die Welt hinaus wie einst seinen Vater Gachmuret. Als ein gut erzogener Ritter verließ Parzival die Burg des Fürsten Gurnemanz, zu dem er vor zwei Wochen als ein unerfahrener, törichter Knabe hinge-
10 kommen war. Er dankte seinem ritterlichen Lehrer von ganzem Herzen. Nur ungern ließen Gurnemanz und Liaße ihn ziehen. Auch Parzival wurde der Abschied schwer.

Parzival und Kondwiramur

Traurig versonnen ritt Parzival durch ein wildes Waldgebirge. Da war nicht Weg noch Steg, nur pfadlose Einsamkeit. Er achtete dessen nicht. Er überließ seinem Pferd die Führung. Vor seinen Augen standen die Bilder derer, die er verlassen hatte. Bald sah er
5 seine traurige Mutter, bald die liebliche Liaße, bald den ehrwürdigen Gurnemanz.
Am Abend kam er vor eine belagerte Stadt, die hieß Pelrapeire. König Klamide bedrängte sie mit einem großen Heere, um die junge Königin Kondwiramur mit Gewalt zu zwingen, seine Ge-
10 mahlin zu werden. Schon seit Wochen hatte er der Stadt jede Zufuhr abgeschnitten und infolge der Blockade waren die Bewohner dem Hungertode nahe. Wie durch ein Wunder gelangte Parzival unversehrt durch die feindlichen Heerhaufen hindurch in die Stadt hinein und wurde zur Königin geführt. Als er vor ihr stand,
15 war er vom Anblick ihrer Schönheit so benommen, dass er kein Wort sprechen konnte. So musste sie zuerst das Wort ergreifen. Sie fragte ihren Gast, woher er komme, und war sehr erfreut, von Gurnemanz, der ihr Oheim war, zu hören. Dann lud sie ihn ein, mit ihr die letzte Schnitte Brot, die sie noch hatte, zu teilen. Ein-
20 gedenk[1] der Lehre des Gurnemanz wagte Parzival nicht zu fragen, was eigentlich in der Stadt vorgehe. Kondwiramur aber wollte ih-

---

[1] unter Berücksichtigung

ren Gast nicht sogleich mit ihrem Kummer belasten. Sie ließ Parzival ein bequemes Lager bereiten und kaum hatte er sich niedergelegt, so sank er in einen tiefen Schlaf; denn er war sehr müde von dem weiten Ritt. Kondwiramur aber lag auf ihrem Lager und
5 konnte vor Sorgen keine Ruhe finden. Schreckliche Bilder peinigten ihre Seele. Sie sah, wie die Feinde die Stadt erstürmten, sie sah Mord und Brand in allen Gassen, sie sah den verhassten Klamide auf sich zukommen, um sie mit Gewalt an sich zu reißen.

Voller Entsetzen sprang sie von ihrem Lager auf. Da gedachte sie
10 des Gastes, der am vergangenen Tage zu ihr gekommen war. Sie warf einen langen purpurnen Sammetmantel über ihr schneeweißes Seidengewand, schritt leise durch die Schar ihrer schlafenden Mägdlein hindurch, öffnete behutsam die Tür zu Parzivals Gemach, das von Kerzenglanz sanft erhellt war, sank an seinem
15 Lager nieder und weinte, dass die Tränen Parzivals Wangen benetzten. Davon erwachte er und wusste nicht, wie ihm geschah bei dem seltsamen Anblick. Erschrocken rief er: „Ihr dürft vor mir nicht knien, hohe Frau, solche Ehre gebührt nur Gott allein. Setzt Euch hier auf den Rand des Bettes und sagt mir, was Euch be-
20 trübt." Kondwiramur tat, wie er gesagt, und sprach: „König Klamide zerstört mein ganzes Land. Er erschlug mir meinen Verlobten, er verwüstete meine Felder, schlug meine Wälder um, verbrannte meine Dörfer und Städte, zertrümmerte meine Burgen, tötete meine Ritter. Und ich selbst bin schuldig an dem
25 Unglück meines Landes. Wäre ich sein Weib geworden, so wäre alles nicht geschehen. Aber ich kann meine Abneigung gegen ihn nicht überwinden. Vielleicht schon morgen wird er zum Sturme ansetzen auf Pelrapeire – aber, Herr, ehe denn ich Klamides Weib werde, stürze ich mich von der Zinne meines Turmes in die Tie-
30 fe!" Und wieder begann sie zu weinen. Da gab Parzival der Königin die Hand und sprach: „Ich will für Euch streiten. Ich schwör es Euch, Klamide soll seinen Übermut büßen. Euer Leid soll ein Ende finden." Da war es Kondwiramur, als fiele eine große Last von ihrem Herzen und als würde nun alles gut. Getröstet erhob
35 sie sich und ging leise, wie sie gekommen war, zu ihrem Lager zurück und schlief beruhigt ein.

Parzival aber erwartete in freudiger Erregung den Tag, der ihm seinen ersten ritterlichen Schwertstreit bringen sollte. Als die Glocken zur Frühmesse riefen, ging er ins Gotteshaus, dann waffnete er sich und ritt vor das Tor hinaus. Schon nahte Klamide mit
5 seinem Heer. Da gab Parzival seinem Ross die Sporen, es nahm einen gewaltigen Anlauf und prallte so wuchtig auf den Gegner, dass beide Tiere auf die Hinterfüße sanken und die Riemen barsten. Da setzten Parzival und Klamide den Kampf zu Fuß fort. Sie zogen die Schwerter und hieben aufeinander los, dass die
10 Funken aus Schilden und Panzerringen sprühten. Parzival fügte Klamide eine große Wunde zu, das Blut strömte und entkräftet sank er zu Boden. Da ließ Parzival ab vom Kampf. „Steh auf", sprach er zu ihm, „ich will deinen Tod nicht, aber gib mir dein Ehrenwort, dass du dich unverzüglich an den Hof des Königs Ar-
15 tus in den Dienst der schönen Kunneware begeben willst." Das versprach Klamide. Mit brausendem Jubel empfingen die Bürger der Stadt ihren Befreier. Die Königin aber küsste und umarmte ihn vor allem Volk und sprach: „Nie will ich eines andern Mannes Weib werden als dessen, den ich jetzt umarme." Da riefen alle
20 Bürger: „Er soll unser König sein!"
Nun bauten Parzival und Kondwiramur das verwüstete Land wieder auf. Auf den von Schlachten zerstampften Feldern wurde gepflügt und gesät und bald grünten wieder die Saaten. Die Weiden wurden bunt von starken Rindern, neue Burgen wuchsen empor,
25 neue Städte blühten auf, neue Banner wehten, neue Schilde, neue Speere schützten das Land. Unter Parzivals tüchtiger Regentschaft wurde die Burg zu Pelrapeire ein Musterhof des Friedens, der Freude und des Wohlstandes. Kondwiramur aber leuchtete vor Glück. So verging ein Jahr. Da sprach Parzival eines Tages
30 zu Kondwiramur: „Ich habe keine Ruhe mehr meiner Mutter wegen. Lass mich aufbrechen, damit ich erfahre, wie es um sie steht. Unser Land ist in bester Ordnung, du kannst die Regierung alleine führen. Um deiner Liebe würdig zu bleiben, will ich auch meine Kräfte wieder einmal in ritterlichem Kampfe mit den Kühns-
35 ten messen." Kondwiramur willigte ein und ließ ihn nicht merken, wie weh ihr der Abschied tat.

Parzivals Versagen auf der Gralsburg

Als die Mauern und Türme von Pelrapeire hinter ihm versunken waren, wurde Parzivals Herz schmerzlich ergriffen von Sehnsucht nach seinem zurückgelassenen Weibe. Er riss sich zusammen und ritt den ganzen Tag über Berge und Täler. Am Abend
5 gelangte er in den Odenwald. Die Sonne ging zur Rüste[1]. Eine dichte Finsternis blickte schon aus den Tiefen der Fichtenzweige, da blitzte es durch die Bäume wie glänzendes Silber und alsbald hielt Parzivals Ross an einem schimmernden See. Hohe Tannen umkränzten feierlich ernst die Ufer. In einem Boote am Gestade
10 ruhte ein Mann auf seidenen Kissen, die Glieder gegen die kühle Abendluft sorgfältig bedeckt mit Decken von bunter Seide und Pelzen von weißem Hermelin[2] und schwarzem Zobel[3]. Sein Hut war geschmückt mit Federn und Edelsteinen. Aus seinem ernsten, bleichen Angesicht aber sprach ein tiefes Leid. In seiner
15 Nähe zogen Fischer ihre Netze ein. Parzival fragte den Mann, ob er ihm sagen könne, wo er zur Nacht eine Herberge finde. Jener antwortete: „Auf dreißig Meilen in der Runde gibt es keine menschliche Behausung als nur eine Burg. Sie liegt dort hinter jenem Felsen. Wenn Ihr sie findet, so wird man Euch Einlass ge-
20 währen und ich selbst werde heute Abend Euer Wirt sein." Parzival dankte und ritt davon. Er fand einen schmalen Pfad, der führte steil an mächtigen Felsen hinauf. Oben auf dem Felsen aber ragte wuchtig und düster die Burg empor mit gewaltigen Mauern und riesenhaften Türmen. Uneinnehmbar erhob sie sich inmitten der menschenleeren Wildnis. Die Zugbrücke rasselte hernieder, Par-
25 zival ritt in einen weiten Burghof ein, der war mit hohem Gras bewachsen wie eine Wiese. „Werden denn hier keine Turniere abgehalten?", dachte Parzival. Schon eilten Ritter und Knappen zum Empfang herbei und geleiteten ihn in die Burg. Nachdem er ein Bad genommen hatte, überreichte man ihm als Ehrengabe
30 einen kostbaren Mantel aus arabischer Seide. Dann wurde er in einen hohen Saal geführt. Beim Eintritt musste er einen Augen-

---

[1] zur Rüste gehen: untergehen
[2] Pelz des Hermelinkaninchens
[3] Fell des Zobels (Familie der Marder)

blick die Augen schließen, denn solchen Glanz und solche Pracht hatte er noch nie gesehen. Blendende Lichtfülle ergoss sich von der Decke her aus hundert Kronleuchtern, die mit unzähligen Kerzen besteckt waren. Die Wände waren geschmückt mit kost-
5 baren Bildteppichen. In marmornen Kaminen loderte wohlriechendes Aloeholz. Auf purpurnen Ruhepolstern saßen vierhundert Ritter, in Samt und Seide gekleidet. Doch es herrschte eine tiefe, beklemmende Stille. Da öffnete sich die Tür, schweigend trugen Edelknaben eine Bahre hinein und stellten sie behutsam
10 vor der mittleren Feuerstatt nieder. Auf der Bahre aber lag der Burgherr, derselbe, den Parzival am See getroffen hatte. Mehr noch als am See erkannte man jetzt in seinem Antlitz die Züge unheilbaren Siechtums[1]. Er lud Parzival ein, sich neben ihn auf den Ehrenplatz zu setzen. Wieder trat eine beklemmende Stille
15 ein. Mit einem Mal ging ein Wehklagen durch die Reihen der Versammelten. Ein Knappe war in den Saal getreten, hoch in seiner Rechten hielt er eine blutige Lanze und umwandelte langsam den Saal. Qualvoll stöhnte der Burgherr auf. Voller Entsetzen blickte Parzival zu ihm hin, der sich in Schmerzen wand. Als der
20 Knappe bei Parzival ankam, stockte sein Fuß. Sekundenlang war die blutige Lanze dicht vor Parzivals Augen; er fühlte, dass plötzlich alle Blicke auf ihn gerichtet waren, sein Herz klopfte wie rasend, er hätte schreien mögen: „Was bedeutet denn das alles?" Aber er dachte an die Lehre des Gurnemanz: „Du sollst nicht viel
25 fragen!" Und weil er klug und gut erzogen erscheinen wollte, deshalb blieb er stumm, obwohl sein Herz vor Mitleid mit der Qual des armen Mannes und dem Jammer der Ritter bebte. Der Knappe ging mit der Lanze hinaus. Es war Parzival, als blickten alle die Ritter ihn vorwurfsvoll an und wendeten sich dann enttäuscht
30 von ihm ab.
Es dauerte nicht lange, so öffnete sich im Hintergrund eine riesige eiserne Flügeltür und geleitet von vierundzwanzig Jungfrauen in lang wallenden, schimmernden Seidengewändern betrat des Burgherrn Schwester Repanse den Saal. Ihr Angesicht war schön und mild wie das eines Engels und auf ihrem Haupte trug

---

[1] Leidensweg bis zum Tod

sie eine Strahlenkrone. In ihren Händen aber hielt sie den heiligen Gral, das ist eine Schale, gehauen aus einem einzigen großen, vom Himmel gefallenen Edelstein. In dieser Schale fing einst
Josef von Arimathia[1] das Blut des gekreuzigten Heilandes auf, als
5 die Kriegsknechte ihm die Seite öffneten. Dieser Gral, das Hei-
ligste, was es auf Erden gibt, wurde aufbewahrt auf der einsamen,
uneinnehmbaren Ritterburg. Repanse, die Gralskönigin, hütete
ihn mit jungfräulichen, reinen Händen. Jetzt setzte sie das kostbare Gefäß auf ein Tischchen vor dem Lager ihres Bruders nieder.
10 Darauf trat der Kämmerer mit den Knappen in den Saal. Sie trugen zierliche Tischchen mit Tafelgeschirr und Bechern aus Gold
herein, aber weder Speise noch Trank ward aufgetragen. Was jeder Gast sich wünschte, das spendete ihm der Gral. Kaum hatte er
den Wunsch gedacht, so lagen die auserlesensten Speisen auf
15 seinem Teller und der köstlichste Trank perlte in seinem Pokal.
Parzival ließ alle Sinne spielen. Er horchte mit offenen Ohren
und schaute mit großen Augen. Aber er fragte nicht, was für eine
Bewandtnis es mit all den Wundern habe. Am Schluss des Mahles
ließ der Burgherr Parzival ein kostbares Schwert überreichen. Er
20 sprach zu seinem Gast: „Nehmt dieses Schwert zum Andenken.
Ich hab es oft im Kampf getragen. Nun aber hat Gott der Herr
mich so schwer gestraft!" Bei diesen Worten sah der Burgherr
Parzival flehend an. „Was fehlt dir? Wie kann ich dir helfen?", so
brannte die Mitleidsfrage auf Parzivals Zunge. Aber er sprach sie
25 nicht aus; denn Gurnemanz hatte ja gesagt, man könnte sich
durch vieles Fragen lächerlich machen. So schwieg Parzival auch
jetzt wieder. Da sank der Burgherr traurig auf sein Lager zurück
und Repanse trug den Gral hinweg. Die Ritter gingen schweigend
hinaus und Parzival wurde in sein Schlafgemach geführt. In der
30 Nacht hatte er schreckliche Träume. Als er am Morgen erwachte,
war er allein auf der Burg. Er kleidete sich an. Vor der Treppe
stand sein Ross angebunden. Auf dem Burghof war das Gras zer-
treten. Da dachte er, die Ritter seien hinausgeritten zum Kampf,
und folgte ihrer Spur, um ihnen zu helfen. Hinter ihm wurde die
35 Zugbrücke mit solcher Gewalt hochgerissen, dass das Pferd bei-

---

[1] reicher Jude und Jünger Jesu, der dies aus Furcht geheim hielt

nahe in den Abgrund gestürzt wäre. Verwundert schaute Parzival
zurück. Da rief ihm der Torwächter nach: „Du mitleidloser
Mensch, der du stumm und starr bleibst bei solchem Leid! Du
bist nicht wert, dass dich die Sonne bescheine!" „Was habe ich
5 Euch getan, dass Ihr mich so beschimpft?", fragte Parzival. Aber
der Wächter knallte das Fenster zu. Parzival ritt beklommenen
Herzens den Spuren nach, aber sie verloren sich bald. Plötzlich
hörte er eine klagende Frauenstimme. Er ritt hinzu. Da saß Sigune auf einem Baumstumpf und hielt immer noch die einbalsa-
10 mierte Leiche ihres Geliebten auf dem Schoß und weinte. Parzival erkannte sie nicht, denn ihre braunen Locken waren schloh-
weiß geworden, ihre Wangen hatten die Farbe und ihre Augen
den Glanz verloren. Sie saß da, ein Bild unbeschreiblichen Jam-
mers. Sie tat ihm leid und er fragte: „Wie kann ich Euch helfen?"
15 Sie schüttelte trostlos das Haupt und sprach: „Mir kann niemand
mehr helfen." Da erkannte sie Parzival. Verwundert rief sie: „Parzival, lieber Vetter, wie kommst du in den Bereich des heiligen
Grals, wohin niemand findet, es sei denn, Gott selbst habe ihn
dazu berufen? Vielleicht kannst du mir doch noch einmal eine
20 Freude machen, denn wisse, in diesem Walde liegt die Burg
Montsalvatsch. Dort wird der heilige Gral aufbewahrt. Zu seinem
Schutz sind vierhundert Gralsritter, die auch Templeisen genannt
werden, bestellt. Gott selbst erwählt diese Ritter und er beruft für
dieses Amt nur die tapfersten und frömmsten. An ihrer Spitze
25 steht der Gralskönig. Mit der Hut[1] des Grales aber ist eine ganz
besondere Aufgabe verknüpft. Der Gralskönig ist nicht nur vor
Gott verantwortlich für den Gral, sondern er hat gleichzeitig für
Frieden und Recht in der abendländischen Christenheit zu sorgen. Wenn die Völker Europas von Feinden bedroht werden, dann
30 übernehmen die Templeisen ihren Schutz. Sie dulden nirgends
Unrecht und Gewalttat. Wo ein Schwächerer von einem Stär-
keren bedroht wird, da kommen sie dem Unterdrückten zur Hilfe
gegen seinen Bedrücker. Die Gralshüter sind also gleichzeitig die
Schützer der Ordnung im Abendlande.

---

[1] Obhut

Unser Urgroßvater Titurel war der erste Gralskönig aus unserem Geschlecht. Sein Sohn war Frimutel. Er hatte fünf Kinder: deine Mutter Herzeloyde und meine Mutter Schoysiane, und die dritte Tocher ist Repanse, die Gralskönigin. Anfortas war sein ältester
5 Sohn, der wurde nach ihm Gralskönig, aber er handelte wider Gottes Gebot und wurde mit einer qualvollen Krankheit geschlagen. Da wurde sein Bruder Tevrizent ein Klausner[1], um für die Sünden seines Bruders zu büßen. Vielleicht ist es dir von Gott bestimmt, die Burg zu finden." „Ich war dort", sprach Parzival
10 kleinlaut. „Hast du der Frage ihr Recht getan?", fragte Sigune schnell. „Mich lehrte Gurnemanz: ‚Du sollst nicht viel fragen'", erwiderte Parzival. „Oh, du Verfluchter", schrie Sigune, „hat denn dein Herz kein Mitleid gespürt, als du des Anfortas Qualen sahest?" „Doch", sagte Parzival, „er tat mir ja so leid, aber ich wollte
15 mich nicht lächerlich machen durch dumme Fragen in dieser vornehmen Gesellschaft. Auch wollte ich nicht aufdringlich sein." „Oh, du Tor[2]", rief Sigune, „weißt du denn nicht, dass aller ritterlichen Tugenden höchste das Mitleid ist und die daraus entspringende tätige Hilfe für den Nächsten? Lehrte dich dein Herz denn
20 nicht zu fragen? Oh, du eitler[3] Fant[4], um klug zu erscheinen vor der Welt, hast du deinen Oheim der furchtbarsten Qual überlassen. Du allein hättest ihm helfen können, wenn du nämlich gefragt hättest. Dann hätte all sein Leid ein Ende gehabt und dir wären die höchsten Ehren des Rittertums zuteil geworden." Da
25 wandte Parzival sein Ross und rief: „Ich will sofort zurückreiten und wieder gutmachen, was ich fehlte." „Das kannst du dir sparen", rief Sigune, „die Gralsburg findest du nimmermehr. Es gibt kein Zurück. Für immer hast du nun Gottes Gnade und der Welt Ehren verloren!"

---

[1] Bewohner, Einsiedler
[2] unklug handelnder Mensch
[3] leer, nichtig, nichtsnutzig
[4] unreifer junger Mensch

Parzival macht sein Verschulden an Jeschute wieder gut

Parzival ritt kreuz und quer durch die Wildnis, aber er fand den Weg zur Gralsburg nicht wieder. Endlich sah er zwei gar verschiedene Reiter vor sich. Der erste, der schon weit voraus war, saß auf einem hohen Ross und trug eine strahlende Rüstung. Ihm folgte
5 in weitem Abstand auf einem abgemagerten Klepper eine Frau in zerrissenen Kleidern. Es war aber niemand anders als Herzog Orilus mit seiner Gemahlin Jeschute. Doch die Schönheit und Reinheit der edlen Frau leuchtete selbst durch die hässlichen Hüllen hindurch. Sie erkannte Parzival und sagte ihm, dass sie seinetwe-
10 gen so große Schmach erleide. Parzival war tief betroffen und sofort bereit, sein unglückliches Opfer gegenüber Orilus ritterlich zu verteidigen. Schon blickte Orilus sich um, gewahrte den Reiter an der Seite seiner Gemahlin und rasend vor Eifersucht wandte er sein Ross. Pfeilgeschwind flogen die Reiter aufeinander los und
15 vor Jeschutes Augen spielte sich der heftigste Kampf ab, den sie je gesehen. Orilus, der Unbesiegte, büßte in diesem Streit seinen Ruhm ein. Zum ersten Mal in seinem Leben fand er einen, der stärker war als er. Parzival stach ihn in den Sand, setzte ihm das Knie auf die Brust und zückte das Schwert, um ihm den Todes-
20 streich zu versetzen. Da kniete Jeschute vor Parzival nieder und flehte um das Leben des Mannes, der sie zwar verstoßen hatte, den sie aber immer noch liebte. Parzival steckte das Schwert ein und sprach zu Orilus: „Du hast mir meine Länder geraubt, du machtest Sigune unglücklich auf immerdar. Du brachtest Schimpf
25 und Schande über deine unschuldige Gemahlin. Aber weil sie um dein Leben bittet, will ich dich nicht töten, wenn du mir versprichst, Jeschute wieder zu dir zu nehmen und sie fortan zu lieben und zu ehren und vor allem Leid zu bewahren." Das versprach Orilus und gab Jeschute den Versöhnungskuss und gelobte ihr
30 unwandelbare Liebe und Treue. Dann trug Parzival Orilus auf, seiner Schwester Kunneware zu sagen, dass er auch ihre Ehre wiederherstellen werde. Auch das versprach Orilus und kehrte mit Jeschute in sein Zeltlager zurück, das sich ganz in der Nähe befand. Dort erfuhr er von seinen Rittern, dass König Artus mit der
35 ganzen Hofgesellschaft in tausend prächtigen Zelten nicht weit am Flusse Plimizöl lagere. Er war nämlich aufmerksam auf Parzi-

val geworden, der alle Besiegten zu ihm schickte; und weil er ihn für seine Tafelrunde, der die besten Ritter angehörten, gewinnen wollte, war er ausgezogen, um ihn zu suchen. Groß war die Freude des Königs, als Orilus und Jeschute in seinem Lager eintrafen.
5 Kunneware rief, nachdem ihr Bruder ihr Parzivals Botschaft ausgerichtet hatte: „Nun seht ihr wohl, wie richtig ich Parzival eingeschätzt habe." Dem Seneschall Keye aber wurde bange.

Von Parzivals dreifacher Sehnsucht

Parzival ritt unterdessen mutterseelenallein durch wilden, pfadlosen Wald und dreifache Sehnsucht brannte in seinem Herzen. Dass er die Gralsburg nicht wiederfand, bereitete ihm große Not, schmerzlich entbehrte er sein geliebtes Weib und zudem wuchs
5 sein Verlangen, seine Mutter wiederzusehen. Es wurde Nacht. Keine menschliche Behausung war zu finden. Da legte Parzival sich unter der breiten Krone einer hohen Kiefer zum Schlafe nieder. Vom Flusse Plimizöl strich ein Falke heran, der dem König Artus entflogen war. Er kreiste über dem Baum und ließ sich auf
10 einen der Äste gerade Parzival zu Häupten nieder. Nun wurde es stumm und still. Weiche weiße Schneeflocken rieselten herab, und als Parzival am anderen Morgen erwachte, bedeckte eine feierliche Schneedecke den Waldboden, obwohl es schon Frühling war. Die Sonne warf goldene Lichter durch die Baumkronen und
15 ringsum schimmerte und flimmerte der Wald. Parzival bestieg sein Ross und ritt in den Wald hinein. Da stob plötzlich vor ihm eine Schar wilder Gänse schreiend aus dem Dickicht empor, der Falke sauste heran und ergriff im Fluge eine der Wildgänse – ein scharfer Schrei und Parzival sieht vor sich im weißen Schnee
20 drei Blutstropfen. Wie gebannt starrt Parzival darauf hin. Es ist ihm wie im Traum. Der helle Sonnenglanz ringsum verdichtet sich vor seinem inneren Gesicht zu einer leuchtenden Gestalt; weiß wie Schnee schimmert die Haut eines feinen lichten Angesichts, rot wie Blut erglühen lieblich die zarten Wangen. „Kondwi-
25 ramur!", ruft Parzival laut, und die Sehnsucht nach der geliebten Frau packt sein Herz mit solcher Gewalt, dass er sich nicht mehr von der Stelle rühren kann.

Um ihn versank die Welt. Er hörte nicht die lauten Hufschläge, die
den stillen Wald durchdröhnten, er sah nicht, wie ein junger Ritter
von des Königs Artus Tafelrunde gegen ihn heransprengte, und
gab auf dessen Fragen keine Antwort. Ob der Nichtbeachtung war
5 der Ritter beleidigt und versetzte Parzival einen derben Stoß mit
der Lanze. Ohne recht zu wissen, was er tat, hob der Träumer seinen Speer und stieß den Fremden aus dem Sattel; dann starrte er
weiter auf die drei Blutstropfen. Mühsam schleppte sich der ge-
schlagene Ritter in des Königs Lager zurück und berichtete, wie es
10 ihm ergangen sei. Als das der Seneschall Keye hörte, rief er:
„Bringt mir meine Waffen und sattelt mir mein Pferd. Ich will
dem Unverschämten zeigen, was es heißt, einen Ritter von des
Königs Artus Tafelrunde zu beleidigen." Traumversunken hielt
Parzival immer noch an derselben Stelle, als Keye kampflustig he-
15 rangaloppierte. Der Seneschall forderte ihn heraus, aber Parzival
rührte sich nicht. Da gab er ihm einen gewaltigen Schlag mit dem
Lanzenschaft, Parzivals Pferd wandte sich herum, er verlor die
Blutstropfen aus den Augen und die Besinnung kehrte ihm zurück. Nach kurzem, heftigem Kampf lag Keye mit zerbrochenen
20 Gliedern am Boden. So war der Schimpf gerächt, den er Kunneware und Antanor einst angetan hatte. Seine Knappen, die ihm gefolgt waren, trugen ihn ins Lager zurück. Gawan aber, des Königs
Neffe, ritt nun zu Parzival hinaus und erkannte ihn. Er grüßte ihn
freundlich. Parzival aber verharrte regungslos. Gawan betrachtete
25 ihn aufmerksam und endlich entdeckte er die Ursache seiner
Geistesabwesenheit. In Herzensangelegenheiten war der liebenswürdige Gawan viel erfahren und er erriet sogleich den Zusam-
menhang zwischen den drei Blutstropfen und der von Parzival
geliebten Frau. Er lächelte und breitete behutsam sein seidenes
30 Taschentuch über die drei Blutstropfen. Da erwachte Parzival aus
seinen Träumen und blickte Gawan groß an. Dieser aber lud ihn
zu des Königs Tafelrunde ein. „Gerne folge ich euch", sprach Parzival, „aber ich kann nicht eher vor die Hofgesellschaft hintreten,
als bis ich Kunnewarens Ehre wiederhergestellt habe." Da erzählt
35 ihm Gawan, wie er das ja schon längst getan habe.

Parzivals Ehrentag und Kundriens Fluch

Nun ritt Parzival mit Gawan dem Lager zu und wurde mit allen
Ehren in den Kreis der berühmten Helden aufgenommen. So wie
er es sich einst als Knabe gewünscht hatte, so ging es nun in Erfüllung. Es wurde ein großes Fest gefeiert. Leuchtend saß Parzi-
5 val inmitten der kühnsten Ritter und der schönsten Frauen des
Abendlandes. Als die Freude aber am höchsten gestiegen war, da
nahte sich der festlichen Runde, reitend auf falbem[1] Maultier,
hässlich wie die Nacht und finster wie das Verhängnis, Kundrie,
die allweise Botin des Grals. Aus ihren gelben Augen sprühten
10 Funken des Hasses, ihre schwarzen Haare sträubten sich vor Wut
wie Borsten, drohend reckte sie ihre haarige, braune Klaue mit
den krallenartigen Nägeln gegen die Tischgesellschaft aus,
fletschte fürchterlich ihre langen gelben Zähne und schrie gellend: „Wehe über deine Tafelrunde, König Artus! Wehe, wehe! Sie
15 ist auf immerdar entehrt, denn ein Verfluchter sitzt daran." Dann
wandte sie sich gegen Parzival: „Du durftest die heilige Schwelle
von Montsalvatsch überschreiten, du warst gewürdigt, den Gral,
das höchste Heiligtum der Christenheit, zu schauen, aber du hat-
test kein Erbarmen mit der Not des kranken Königs Anfortas.
20 Fortan soll deshalb dein Leben aller Freude bar sein, so wie dein
Herz von Mitleid bar ist. Du warst berufen zu höchsten Ehren,
jetzt bist du der Verworfenste von allen Menschen. Heillos, ehrlos, freudlos sollst du sein auf Erden und keine Gnade finden im
Himmel, weil du dem Leidenden nicht geholfen hast!" Sie wandte
25 ihr Tier und ritt ohne Gruß davon und ihr Mantel flog im Winde,
der sich erhoben hatte. Ein kalter Schauer überrieselte die Versammelten, die eben noch so fröhlich waren. Sie saßen regungslos mit todesblassen Gesichtern und starrten auf Parzival. Auf
dessen Antlitz aber brannte Schamröte. Es war ihm zumute, als
30 bräche die Welt auseinander und als stürze der Himmel über ihm
ein. Doch nahm er sich zusammen, erhob sich und sprach zu
Artus: „Seit der Kindheit Tagen ging all mein Streben nach eurer
Ritterschaft. Jetzt hatte ich sie endlich erreicht. Aber weil ich die
Ehre verloren habe, muss ich eure Ritterschaft nun wieder aufge-

---

[1] falb: Nebenform zu „fahl", graugelb

ben. Lebt wohl, ich kann nicht länger bei euch bleiben; doch wis-
set, ich will nun selbst den Gral suchen und nicht eher ruhen, als
bis ich meine Ehre wiederhergestellt habe." Da drängten sich die
Ritter und Frauen um ihn und versicherten ihm, dass Kundriens
5 Fluch ihn in ihren Augen nicht herabgesetzt habe. Die Frauen
weinten und die Ritter halfen ihm, die Rüstung anzulegen, und
sattelten ihm sein Pferd, jeder wollte ihm noch etwas Liebes sagen und etwas Gutes tun, Gawan aber, der Parzival sehr lieb gewonnen hatte, gab ihm eine Strecke weit das Geleit.

Wie Parzival Gott den Dienst aufsagte

„Schweren Kämpfen reitest du entgegen", sprach Gawan beim
Abschied. „Gott sei mit dir!" „Gott?", fragte Parzival heftig. „O
weh! Was ist Gott? Als ich ein Kind war, habe ich meine Mutter
danach gefragt und sie sagte: „Gott ist gut, Gott hilft." Ich habe
5 ihm immer treu gedient, aber er hat mir nicht geholfen. Denn es
ist ja nicht so, wie Kundrie sagte, ich habe ja in meinem Herzen
Mitleid gehabt mit dem armen kranken Anfortas. Ich stellte die
ritterliche Frage: „Wie kann ich dir helfen?" nicht, weil ich an die
Lehre des Gurnemanz: „Du sollst nicht viel fragen!" dachte. Heu-
10 te sehe ich es ein, dass das töricht war von mir. Ich habe die Lehre
wörtlich befolgt, ohne mir Gedanken zu machen über ihren tie-
feren Sinn. Jetzt weiß ich, dass es wichtiger ist, einem leidenden
Menschen zu helfen, als äußerliche Anstandsregeln zu wahren.
Damals konnte ich höhere Werte noch nicht von niederen unter-
15 scheiden. Aber Gott muss wissen, dass mein Herz nicht erbar-
mungslos war, und es ist ungerecht von ihm, mich mit solcher
Schande zu bedecken. Warum lässt er es zu, dass Kundrie mich
beschimpft? Ist er zu schwach, um den Menschen zu helfen, oder
ist er nicht guten Willens? Ich bin jedenfalls schwer enttäuscht
20 von ihm. Ich traue ihm nicht mehr und kündige ihm den Dienst
auf. Meine Mutter hat Unrecht gehabt, Gott ist nicht gut. Meinst
du, ich wollte auf die Gnade dieses Gottes warten? In Zukunft
baue ich nur noch auf meine eigene Macht und Stärke. Aus eigener Kraft will ich den Gral erringen." Trotzig reckte Parzival sich
25 im Sattel empor und ritt von dannen.

Wie Parzival den Gral suchte ohne Gott und ihn nicht fand

Zerfallen mit Gott zog Parzival nun durch die Welt. An Gottes Güte und Gerechtigkeit glaubte er nicht mehr. Aber der Gral blieb weiterhin sein hohes Ziel, nach dem er unentwegt strebte. Er ritt landaus, landein und suchte die Gralsburg überall. Wo ein
5 Mensch in Not war, da half er ihm, wo eine Stadt belagert war, kämpfte er für ihre Befreiung, wo ein Volk unterdrückt war, verteidigte er es gegen seine Bedrücker. Überall trat er für die Schwachen und Hilflosen ein und focht gegen Unrecht und Gewalt, bis sein Ruhm durch alle Lande ging. Überall pries man ihn als den
10 starken Beschützer von Ordnung, Frieden und Gerechtigkeit. Die Frauen hatten großes Wohlgefallen an ihm. Doch er beachtete sie kaum. Sein Herz gehörte allein Kondwiramur und mit großer Sehnsucht harrte er der Wiedervereinigung mit ihr. Wie den Mannesmut vom Vater, so hatte er von der Mutter die unwandelbare
15 Treue gegenüber dem geliebten Menschen. So vergingen viereinhalb Jahre. Da kam er eines schönen Morgens wieder in den Wald von Montsalvatsch und begegnete zum dritten Male seiner Base Sigune. Sie hatte endlich ihren toten Verlobten begraben. Über seinem Grabe aber hatte sie sich eine Klause gebaut und lebte
20 nun weltabgeschieden als eine Einsiedlerin. Ihren Verlobungsring trug sie immer noch. Und da sie auf Erden ihres Verlobten Weib nicht hatte werden können, harrte und hoffte sie auf die Erfüllung ihrer Liebe in jener Welt. Als sie Parzival zum letzten Mal gesehen hatte, hatte sie ihn verflucht. Jetzt aber fühlte sie sich
25 als eine Priesterin und sah ihre Aufgabe darin, Trost und Rat zu spenden. Als sie hörte, dass Parzival den Gral immer noch nicht gefunden hatte, sprach sie zu ihm: „Jeden siebenten Tag kommt Kundrie zu mir und bringt mir Speise vom heiligen Gral. Soeben ist sie von mir hinweggeritten. Folge den Hufspuren ihres Maul-
30 tieres, vielleicht führen sie dich zur Gralsburg zurück." Parzival tat, wie sie geheißen. Aber die Hufspuren verloren sich im Kieselbett eines Baches und um Parzival war wieder einmal nichts als Unwegsamkeit. Suchend irrte er durch den Wald. Da, als er an einem tiefen Abgrund vorüberritt, sprengte ihm plötzlich ein ge-
35 harnischter Ritter entgegen. „Zurück!", befahl er, „hier ist geweihte Erde und keines Unberufenen Fuß darf die geheiligten Bezirke

ungestraft betreten." Da wusste Parzival, dass die Gralsburg nicht mehr fern sei, und war entschlossen, sich den Zugang zu erkämpfen. Mit einem gewaltigen Lanzenstoß hob er den fremden Ritter aus dem Sattel. Aber da strauchelte Parzivals Pferd, fiel,
5 überschlug sich und stürzte in den Abgrund. Doch es gelang Parzival, im Fallen überragendes Buschwerk zu ergreifen, er klammerte sich daran fest, während sein Tier in der Tiefe zerschmetterte. Dann kletterte er an dem steilen Felsen empor. Der Fremde hatte die Flucht ergriffen, sein Pferd aber stand, als warte es auf
10 Parzival. An der Satteldecke erblickte Parzival das Bild einer weißen Taube, das Zeichen des Grals. Er schwang sich auf das Ross und ritt weiter, tagaus, tagein. Der Winter kam. Nachts schlief Parzival auf der kalten, hart gefrorenen Erde. Durch Schnee und Sturm kämpfte er sich vorwärts mit seinem Tier, manchmal wa-
15 ren Wege und Stege verweht, finster dräute[1] der Himmel, es leuchtete kein Stern und es war keine Hilfe zu finden.

Wie Parzival durch die Hilfe von Kahevis und Trevrizent die Demut lernte

Eines Morgens im März kam Parzival in einen schönen Hochwald. Schlanke Stämme ragten empor wie die Säulen eines Domes. Die dunkle Wolkendecke zerriss, hell und frühlingswarm brach die Sonne hervor. Da wurde alles ringsumher zu Licht und
5 Glanz und es war eine große feierliche Stille.

Aus der Tiefe des Waldes aber trat ein Zug von Wallfahrern und schritt ernst und streng gegen Parzival heran. Es war der Ritter Kahevis, der mit seiner Gemahlin, seinen beiden Töchtern und seinem ganzen Ingesinde nach alter Sitte, barfuß und gekleidet
10 in graue, härene[2] Gewänder, einen Bußgang machte; denn es war Karfreitag. Parzival lenkte sein Ross zur Seite und grüßte die Schar der Gläubigen. Der Ritter aber sprach zu ihm: „Wie könnt Ihr an diesem Tage, da Gottes Sohn für uns am Kreuz verblich, so hoffärtig[3] sein und in voller Rüstung reiten?" Parzival aber erwi-
15 derte: „Was kümmert mich des Jahres Lauf, der Wochen Zahl, der

---

[1] drohte
[2] hären: aus groben Fasern bestehend

Tage Namen. Früher, da diente ich einmal einem, der hieß Gott. Aber er hat mir meinen Dienst übel gelohnt. Deshalb habe ich ihm die Treue aufgesagt. Ich hasse ihn jetzt."

Der graue Ritter erschrak über Parzivals frevelhafte[1] Worte. „Ich
5 verstehe nicht", sprach er, „wie Ihr so reden könnt von dem, der diese Welt geschaffen und für unsere Sünden den Kreuzestod erlitten hat, auf dass wir schuldbeladenen und verirrten Menschenkinder heimfänden in seine Vatergüte. Auch Ihr, Herr, gehet in der Irre. Oh, verharret nicht in solchem Trotz gegen Gott. Kommt,
10 geht mit uns und kehrt zurück in die Gemeinschaft der Gläubigen." Da mischten sich auch die Frauen ins Gespräch und luden ihn herzlich ein, mit zu ihren Zelten zu kommen, sich an Speise und Trank zu erquicken, die erstarrten Glieder zu erwärmen und sich bei ihnen auszusprechen. Die beiden Töchter wa-
15 ren von gar schöner Gestalt und lieblichen Angesichts. Herr Gawan hätte es sich sicher nicht zweimal sagen lassen, ihr Gast zu sein. Aber Parzival schüttelte traurig das Haupt. „Ich passe nicht zu euch", sprach er, „überlasst mich meiner Pein." „Lasst doch Euren Trotz fahren", sprach der graue Ritter, „und gebt Euch der
20 Gnade Gottes anheim. Die ganze Welt und alle Menschen sind geborgen in seinen gütigen Händen, aus denen auch Ihr nicht herausfallen könnt. Alles hat seinen Anfang in ihm und in ihm sein Ziel und Ende!" Damit entließ er Parzival und zog weiter mit den Seinen.
25 Parzival aber bewegte die Worte des Ritters in seinem Herzen und nach einer Weile legte er die Zügel aus den Händen und sprach zu seinem Ross: „Nun geh, wie Gott dich führt." Da beschloss Gott, sich seiner anzunehmen, und führte ihn zur Klause[2] seines Oheims Trevrizent. Dieser trat aus seiner Klause, und als
30 er Parzival in voller Rüstung sah, sprach er vorwurfsvoll zu ihm: „Wie könnt Ihr in dieser heiligen Zeit im Harnisch[3] reiten?" Doch dann nötigte er ihn freundlich, abzusteigen und in seine Hütte zu kommen. Da sprang Parzival vom Ross und rief: „Herr, gebt mir

---

[1] leichtsinnig, verwerflich
[2] Behausung, kleinere Zelle
[3] kriegerische Ausrüstung

Rat, ich bin ein sündiger Mensch." „Das will ich gerne tun", erwiderte Trevrizent, „aber erst wollen wir Euer Pferd unter jener Felswand anbinden, da ist es geschützt vor Schnee und Wind. Und dann müsst Ihr Eure Rüstung ablegen, einen wollenen Rock an-
5 ziehen und Euch an meinem Feuer erwärmen." Nachdem das alles geschehen war, sprach Parzival zu dem Klausner: „Habt Ihr Euch nicht gefürchtet, als ich so plötzlich in Waffen vor Euch stand?" Trevrizent antwortete: „Ich fürchte mich nicht vor Menschen; denn ich traue auf Gott." „Und ich habe ihn gehasst", sagte
10 Parzival, „seit fünf Jahren betrat ich keine Kirche und kein Auge sah mich dort, wo man zu Gottes Ehre sprach." „Wie ist das möglich?", fragte Trevrizent. „Er hat mich enttäuscht", erwiderte Parzival, „ich habe ihm immer treu gedient; aber er, der die Macht hat zu helfen, er hat mich zuschanden werden lassen. Deshalb
15 habe ich ihm den Dienst aufgesagt." „Oh, du Tor, bist du von Sinnen!", rief Trevrizent, „ich bin zwar nur ein Laie, aber eines kann ich dir sagen: Man kann Gott mit Trotz und Hass nichts abzürnen, man kann ihm auch nichts abgewinnen, indem man auf seine treuen Dienste pocht; denn nicht Werk noch Zucht vermö-
20 gen zu Gott zu führen, sondern allein Gottes Liebe. Vertraue dich seiner Gnade an und sei getreu ohne alles Wanken, denn Gott selber ist die Treue." „Habt Dank für Euren Bescheid", sprach Parzival, „aber ich muss Euch sagen, dass mir aus Treue immer nur Kummer erwachsen ist." „Nun", erwiderte der Klausner, „so
25 erzähl mir einmal, was für Kummer dich so sehr bedrückt."
„Meine höchste Not betrifft den Gral und dann sehne ich mich nach meinem Weibe", sagte Parzival. Freundlich antwortete Trevrizent: „Wenn ein Mensch in rechter Ehe gefunden wird, kann er nicht verloren sein. Eheliebe kann dich aus der Hölle reißen. Aber
30 was den Gral angeht, so muss ich dir sagen, dass man den Gral nicht erkämpfen kann, sondern zum Gral muss man von Gott berufen werden. Am Karfreitag, wenn die himmlische Taube die Oblate[1] zu dem Gral bringt, die ihm die Kraft gibt, Speise, Trank und Leben zu spenden, dann erscheint auch am Rande der heili-
35 gen Schale in leuchtenden Buchstaben der Name des Ritters, den

---

[1] Hostie, Abendmahlsbrot

Gott zum Gralsdienst erwählt hat." Ungestüm fuhr Parzival auf: „Warum ist mein Name noch nicht auf der Schale erschienen? Ich war doch immer ein guter Ritter. Oh, wenn Gott wüsste, was rechte Ritterschaft ist, dann hätte er mich berufen. Keinem Kampfe
5 weiche ich aus. Auf mich könnte er sich verlassen!" Trevrizent aber entgegnete: „Du hast es immer noch nicht begriffen, dass man sich den Zugang zum Gral nicht absichtlich und eigenwillig ertrotzen kann. Die Berufung geschieht allein durch Gnade und ergeht nur an den, der Gott in Demut liebt. Hoffart, wie du sie
10 zeigst, passt nicht zum Gral." Als Parzival beschämt schwieg, nahm Trevrizent wieder das Wort und sprach freundlich: „Bleibe ein kühner Ritter und strebe fleißig weiter nach dem Gral, aber lerne: Nicht im Zorn gegen Gott, sondern im Vertrauen auf ihn strebe hinfort nach dem höchsten Ziel, das es auf Erden gibt."
15 „So genau wie Ihr hat mir noch niemand Auskunft darüber gegeben, wie ein Gralsritter beschaffen sein muss. Woher wisst Ihr das alles?", fragte Parzival. „Ich stamme aus dem Geschlecht der Gralskönige", entgegnete Trevrizent, „ich bin des unglücklichen Königs Anfortas Bruder Trevrizent." „Oh", rief Parzi-
20 val freudig, „dann seid Ihr ja mein Oheim, von dem mir Sigune erzählt hat." „Und du bist Parzival, Herzeloydens Kind", sprach Trevrizent; aber er freute sich nicht, sondern er fing an zu klagen: „O weh, Welt, wie konntest du das alles geschehen lassen! Oh, Parzival, wie soll ich dich schuldbeladenen Mann trösten, der du
25 deinen Vetter Ither, den besten Ritter, ermordetest, der du deine eigene Mutter ums Leben brachtest!" „Den Ither habe ich erschlagen, das ist wahr, und nie verzeih ich's mir, aber dass ich meine Mutter getötet hätte, das ist nicht wahr!", schrie Parzival. „So weißt du es wohl noch gar nicht, dass Herzeloyden in derselben
30 Stunde, in der du Abschied nahmst, das Herz vor Kummer um dich brach?", fragte Trevrizent.
Aufs Neue brach die Welt über Parzival zusammen. Es war ihm wie damals, als Kundrie ihn verfluchte an des Königs Artus Tafelrunde; nein, der Schmerz, der jetzt seine Brust durchschnitt, war
35 noch tausendmal größer. Endlich sprach er: „Wenn das wahr ist, Oheim, so will ich nicht mehr Gralskönig werden. Ich kann nun nie mehr froh werden."

Trevrizent versuchte, Parzival von seinem Kummer abzulenken, indem er ihm von der Familie erzählte, der sie beide entstammten. Auch den Grund von Anfortas' Krankheit entdeckte er ihm. Obwohl Anfortas wusste, dass dem Gralskönig nur Eheliebe erlaubt ist, erwählte er sich die schöne Herzogin Orgeluse zur Minnedame und kämpfte in ihrem Dienst, da er doch nur im Dienste Gottes kämpfen sollte. Zur Strafe wurde er im Streit durch einen giftigen Speer unheilbar verwundet. „Seitdem hat der Gral keinen Schirmer mehr", sagte Trevrizent. „Einmal gab uns der Gral ein Hoffnungszeichen. Er verhieß, es werde ein Ritter kommen, wenn der Mitleid mit dem König hätte und ihn während des ersten Abends ganz aus sich selbst heraus fragen würde, was ihm fehle, so solle Anfortas im selben Augenblick von seiner Krankheit geheilt sein; doch Gralskönig dürfe er nicht länger sein, sondern derjenige, der die Frage gestellt hätte, sollte König werden an seiner Statt. Es kam ein Ritter – er hätte es lieber bleiben lassen sollen. Er sah des Königs Qual. Oh, wie hingen des leidenden Königs Augen an seinen Lippen. Oh, wie warteten alle auf das Wort, das Erlösung von all dem Jammer hätte bringen können. Der fremde Ritter aber blieb stumm."

So fügte Trevrizent, ohne es zu wissen, seinem Gast nur neue Qualen zu. Der Klausner erhob sich und sprach: „Lass uns auf Nahrungssuche gehen, es tut mir leid, dass ich dir nichts Gesottenes oder Gebratenes bieten kann. Ich ernähre mich nur von Wurzeln und Kräutern. Nicht einmal Heu für dein Pferd habe ich und das Gras ist noch vom Schnee bedeckt. Wir wollen deinem Pferde junge Eibensprossen brechen." Sie gingen an ihr Geschäft, aber Parzival wusste kaum, was er tat, und als sie ihr kärgliches Mahl verzehrt hatten, da sprach er zu Trevrizent: „Der nach Montsalvatsch kam und der die Qual dort sah und der doch nicht fragte: Das war ich. Oh, ich Unseliger, muss ich denn immer von Neuem daran erinnert werden? Gibt es niemals ein Ende meiner bitteren Reue?"

Trevrizent war zutiefst erschrocken über Parzivals Bekenntnis. Aber da er sah, wie schwer Parzival an seiner Schuld trug, konnte er ihm nicht mehr zürnen. Er sprach zu ihm: „Mein lieber Neffe, wir dürfen über unsere Sünden auch nicht zu viel klagen. Gerade

unserer Sünden wegen ist doch Gottes Sohn in die Welt gekommen. Er hat unsere Schuld auf sich genommen und ist dafür am
Kreuze gestorben. Das ist doch die frohe Botschaft des Evangeli-
ums, dass wir Menschen trotz aller unserer Schuld Erlöste sind.
Deshalb freue dich und lass das Trauern sein."

Parzival blieb noch fünfzehn Tage bei Trevrizent, ließ seinen
Trotz und seinen Eigenwillen fahren und ergab sich ganz in
Gottes Willen. Beim Abschied versprach er seinem Oheim, dass
er von nun an sein Schicksal, so wie Gott es füge, gehorsam auf
sich nehmen wolle.

Das Wiedersehen in Joflanze

Inzwischen hatte sich die Hofgesellschaft des Königs Artus, die
damals, nachdem Parzival sie als ein Verfluchter verlassen hatte,
auch aufgebrochen war und sich in alle Winde zerstreut hatte, auf
dem grünen Wiesenplan von Joflanze wieder zusammengefun-
den. Gawan war damals dem Freunde gefolgt, um ihm zu helfen,
den Gral zu suchen. Er hatte manch ehrenvollen Sieg erstritten,

die vierhundert edlen Frauen und Jungfrauen, die der Zauberer Klingsohr gefangen hielt, befreit und schließlich die schöne stolze Herzogin Orgeluse zur Gemahlin gewonnen. Nun sollte in Joflanze ein Zweikampf zwischen ihm und dem starken König
5 Gramoflanz, der den ersten Verlobten seiner Gemahlin erschlagen hatte, stattfinden. Orgeluse hatte alle Ritter, die um ihre Minne warben[1], nur als Werkzeug ihrer Rache an Gramoflanz benutzt, so auch einst den Gralskönig Anfortas, der für seinen Kampf in ihrem Dienst so schrecklich bestraft worden war. Aber
10 der liebenswürdige, lebenssichere und weltgewandte Gawan hatte endlich doch ihr Herz gewonnen.
Der für den Zweikampf festgesetzte Tag brach an. Als der Morgen graute, legte Gawan seine Rüstung an, bestieg sein Ross und ritt am Fluss entlang, um seine Glieder zu erproben. Noch waren die
15 Gräser nass vom Tau und Nebel braute über den Wiesen. Da sah er in einiger Entfernung vor sich auf hohem Ross einen Reiter in voller Rüstung halten. Pferd und Reiter waren dem Flusse zugekehrt und verharrten regungslos. Der Blick des Mannes war versonnen in die Ferne gerichtet, wie auf ein weites, weites Ziel. Fast
20 war es Gawan, als habe er ein gewaltiges steinernes Monument vor sich. Doch da erblickte er am Helm des Reiters einen Kranz von Blättern eines Baumes, der nur in dem Garten des Gramoflanz wuchs. Da dachte er: „Das ist Gramoflanz. Nun, so mag der Kampf beginnen. Nur schade, dass die Frauen dabei nicht zu-
25 schauen." Er gab seinem Ross die Sporen, und da fegte der fremde Reiter, der eben noch wie ein Bild aus Stein verharrte, auch schon mit Blitzesschnelle gegen ihn heran, dumpf prallten die Speere gegen die Schilde, die Tiere brachen in die Knie und warfen die Reiter zur Erde, die rissen die Schwerter heraus, Hieb auf
30 Hieb zerstückte den Schildrand, der Boden bedeckte sich mit unzähligen Splittern. Lange schienen die Gegner einander gleich an Kräften. Endlich spürte Gawan, wie seine Muskeln erlahmten. Gawans Gegner hätte den Sieg gewonnen, wenn nicht in diesem Augenblick Gawans Knappen, die ausgezogen waren, um ihren
35 Herren zu suchen, laut und klagend seinen Namen gerufen hät-

---

[1] um die Liebe einer Frau werben

ten. Sogleich ließ Gawans Gegner vom Kampfe ab und warf sein
Schwert weit von sich. „Nun hat mich alles Heil verlassen", rief er
verzweifelt, „weil meine ehrlose Hand zu diesem Kampfe kam.
Ich bin Parzival. Für jetzt und immer stelle ich mich in deine
5 Dienste." Gawan aber sprach: „Wenn du Parzival bist, dann ist ja
alles gut." Dann aber sank er erschöpft ins Gras. In diesem Augenblick kam der König Gramoflanz an. Er sprach zu Gawan: „Es
wäre unritterlich, jetzt gegen dich anzutreten, wir fechten unseren Streit morgen aus." Parzival aber sprach zu Gramoflanz:
10 „Lasst mich für Gawan kämpfen!" Gramoflanz aber lehnte das
Angebot ab.
Im Hoflager hatte sich inzwischen die Nachricht verbreitet, dass
Parzival angelangt sei, und die Ritter und Frauen harrten seiner
in freudiger Erwartung. Aber Parzival sprach: „In König Artus'
15 Hofgesellschaft wurde ich einst für ehrlos erklärt. Ich möchte den
Rittern und Damen meinen Anblick ersparen." Aber es versicherten ihm alle, dass Kundriens Fluch seine Ritterehre nicht habe
beflecken können, dass er auf die rühmlichste Weise sein Anse-
hen über viele Länder ausgebreitet habe und dass ihm vor allen
20 Rittern der höchste Preis zuständе. König Artus nahm ihn von
Neuem als Mitglied in die Tafelrunde auf.
In der Nacht, als alle schliefen, ließ Parzival seine Rüstung in
Ordnung bringen und sein Ross striegeln, und ehe noch der Morgen graute, begab er sich zu dem Kampfplatz. Dort sah er Gra-
25 moflanz schon halten. Ohne Worte miteinander zu wechseln,
stachen sie einander sogleich durch den Schildrand, dass die
Splitter hoch durch die Luft wirbelten. Sie verstanden sich beide
auf alle Kampfarten. Als Gawan mit der Hofgesellschaft zum
Kampfplatz kam, da sah man Parzival und Gramoflanz heftige
30 Hiebe austeilen. Gramoflanz, der bisher immer den Kampf mit
einem Einzelnen verächtlich abgelehnt hatte, war es nun, als gingen ihrer sechs auf ihn los, und es war doch nur Parzival allein.
Endlich musste der König Gramoflanz zugeben, dass seinem
Gegner der Sieg gebühre. Gawan aber sprach zu Gramoflanz:
35 „Ich will heute an Euch so handeln, wie Ihr gestern an mir. Wir
wollen unseren Streit morgen austragen." Gramoflanz war es zufrieden, zog sich in sein Zeltlager zurück und schrieb einen Brief

an Gawans Schwester Itonje, die er schon seit langer Zeit heimlich liebte, obwohl er sie noch nie gesehen, sondern nur Briefe mit ihr getauscht hatte. Itonjes Gespielin aber offenbarte das Geheimnis dem König Artus. Dieser ließ Gawan und Orgeluse, Gramoflanz und Itonje zu sich laden und versöhnte die Gegner miteinander. Da Orgeluse jetzt Gawan liebte, fiel es ihr nicht schwer, auf die Sühne für den Tod ihres ersten Verlobten zu verzichten. In Gramoflanz aber war beim Anblick der lieblichen Itonje aller Zorn auf den Bruder vergangen. König Artus gab Itonje dem König Gramoflanz zur Ehe. Und dann gab es ein Fest, wie es nirgendwo je ein schöneres gegeben hat. Wiedersehen, Versöhnung und Hochzeit, alles wurde auf einmal gefeiert.

Da sah sich Parzival umgeben von lauter fröhlichen Menschen. Wohin er schaute, er blickte in glückstrahlende Augen. Da krampfte sich sein Herz zusammen in heißem Schmerz; denn die, die er liebte, war fern und er war allein inmitten dieser glücklichen Paare. Zwar hingen die Augen mancher schönen Frau bewundernd und verlangend an ihm, aber er achtete dessen nicht, denn sein Herz war so durchdrungen von der Liebe zu der einen, dass er sich mit keiner anderen trösten konnte. So brachte ihm die Treue großes Leid.

Er bewunderte die lachenden Menschen, wie sie leicht und spielend dahintanzten und sich freuten wie die Kinder. Es kam ihn einen Augenblick der Wunsch an, einmal so unbekümmert fröhlich zu sein wie die anderen und sich hineinschlingen zu lassen in ihren geselligen Reigen. Aber er spürte: Er war ein Fremder unter ihnen. Da ging er leise hinaus, um ihre Fröhlichkeit durch seine Trauer nicht zu stören. So brachte ihm sein Streben nach dem höchsten Ziel großes Leid.

„Gott möge denen die Freude gewähren,
die nach endhafter Freude begehren!",

sprach er und ritt fort, um weiter nach dem Gral zu suchen.

Parzival findet seinen Bruder Feirefis

Wieder führte ihn sein Weg durch düsteren, pfadlosen Tannenwald. Endlich gelangte er an eine Lichtung. Mitten darauf hielt ein stattlicher, mit orientalischer Pracht gekleideter Reiter. Kaum

hatte er Parzival erblickt, sprengte er auf ihn los und griff ihn an.
Da musste sich Parzival wehren wie noch nie; denn der Gegner
war ihm ebenbürtig an Stärke. Zum ersten Mal in seinem Leben
fühlte Parzival in einem Kampfe seine Kräfte ermatten. Da gedachte er seiner lieben Frau. „Kondwiramur!", rief er laut, und
mit letzter Kraft hieb er auf den Helm des anderen, dass dieser
stöhnend zu Boden sank und Parzivals Schwert in Stücke sprang.
Nun war Parzival wehrlos. Der Fremde sprang empor und Parzival machte sich darauf gefasst, dass er ihm den Todesstreich versetzte. Stattdessen aber warf er sein Schwert weit von sich und
sprach: „Es brächte mir keinen Ruhm, wenn ich Euch jetzt erschlüge. Wir wollen Frieden machen und uns ausruhen. Feirefis
von Anjou ist mein Name." „Verzeiht, Herr, Anjou ist mein ange-
stammtes Land. Ich bin Parzival von Anjou. Allerdings ward mir
gesagt, es lebte mir ein Bruder im fernen Heidenlande, der gleich
mir Gachmuret von Anjou zum Vater hat. Er soll am ganzen Leibe schwarz und weiß gefleckt sein." Feirefis nahm den Helm ab,
und siehe da, seine Haut war elsternfarbig. Voller Freude umarmten und küssten sich die Brüder. Dann rief Feirefis: „Nun,
lieber Bruder, führe mich schnell zum Vater. Ihn zu suchen bin
ich nämlich ausgezogen. Viel hat man mir gesagt von seiner Tapferkeit und Stärke. Nur, dass er meine Mutter verließ und mich
zur Waise machte, noch ehe ich geboren war, das war nicht schön
von ihm." „Ach, Bruder", versetzte Parzival, „auch ich habe sein
Antlitz nie geschaut. Vor meiner Geburt ist er fortgezogen von
meiner Mutter und fiel im Speerkampf bei Bagdad." „O weh um
den unersetzlichen Verlust!", klagte Feirefis. „Aber statt des Vaters habe ich nun einen Bruder gefunden. So habe ich Freude
verloren und Freude gewonnen in einer Stunde." Weinend und
lachend zugleich umarmte er Parzival immer von Neuem. Dann
ritt Parzival mit ihm in das Zeltlager des Königs Artus zurück und
führte seinen Bruder in die Hofgesellschaft ein. Dem Gast aus
dem Morgenlande zu Ehren wurde ein großes Turnier veranstal-
tet. Danach gab König Artus ein Festessen. Mitten auf der grünen
Wiese ward eine kostbare, runde Tafeldecke ausgebreitet und in
einigen Metern Abstand davon ein Ring von gepolsterten Sitzen
aufgebaut. Davor standen kleine Tische. Die Tafeldecke wurde

nicht benutzt, sondern lag nur des Namens wegen auf. Unsere
Kenntnisse reichen nicht zur Hälfte aus, um die Gerichte und
Getränke zu nennen, die dort unter der Aufsicht vieler Kämmerer, Truchsessen[1] und Schenken den Gästen von flinken, hüb-
5 schen Edelknaben gereicht wurden. Nie sah man so viele be-
rühmte, schöne und fröhliche Menschen beisammen wie an diesem Tag in dieser Runde.

Parzivals Berufung zum Gralskönig

Als die Freude am höchsten gestiegen war, da nahte sich der festlichen Runde abermals Kundrie, die allweise Botin des Grals.
Diesmal ritt sie auf einem edlen arabischen Rosse, trug einen
schwarzen, gut geschnittenen Mantel aus kostbarem Samt, ge-
5 ziert mit goldgestickten Tauben nach dem Wappen des Grals.
Zarte weiße Schleier verhüllten ihr Antlitz. Sie ritt freundlich grü-
ßend innen um den ganzen Ring herum. Dann bat sie den König
Artus, hier vor allen Versammelten ihre Botschaft ausrichten zu
dürfen. Artus nickte Gewähr. Sie lenkte ihr Ross in Parzivals Nä-
10 he. Dann stieg sie ab. Es entstand eine erwartungsvolle Stille.
Dann hub sie in feierlichem Tone an: „Heil dir, Gachmurets und
Herzeloydens Sohn! Gott will dir nun seine Gnade schenken. Die
Gralsinschrift hat verkündet, dass du Gralskönig werden sollst.
Mit dir ist Kondwiramur, deine edle Gemahlin, zur Gralsburg be-
15 rufen. Sie gebar dir in deiner Abwesenheit Zwillingssöhne: Lohengrin und Kardeis. Lohengrin soll dein Nachfolger auf der
Gralsburg werden, Kardeis soll die Herrschaft über deine weltlichen Reiche führen. Auch Feirefis, dein Bruder, ist zur Gralsburg eingeladen."
20 So hatte Gott Parzival nun auf den höchsten Thron im Welten-
rund berufen. Vor innerer Bewegung konnte Parzival lange kein
Wort sprechen. Heiße Tränen brachen aus seinen Augen. Endlich
sagte er: *„So hat Gott wohl an mir getan."* Da warf sich Kundrie zu
seinen Füßen nieder und sagte weinend: „Könnt Ihr mir verzei-
25 hen, was ich Euch einst in dieser Runde angetan habe?" Parzival
sprach: „Hätte ich nicht übel getan, so wärest du nicht zornig auf

---

[1] Truchsess: Hofverwalter, für Küche und Tafel zuständig

mich gewesen. Damals war noch nicht die Zeit für mein Heil. Nun aber schenkt Ihr mir sündigem Menschen etwas so Hohes, dass all meine Traurigkeit davon vergeht. Steh auf, ich trage keinen Hass gegen dich in meinem Herzen."

Parzival als Gralskönig

Nun erhoben sich alle, um Abschied von Parzival und Feirefis zu nehmen. Feirefis ließ an alle, an Könige und Herzöge, Grafen und freie Herren, Dienstleute und fahrende Sänger, kostbare Geschenke austeilen, die er aus dem Morgenlande mitgebracht hat-
5 te.

Dann folgten die Brüder der Gralsbotin nach Montsalvatsch. Die Templeisen erwarteten ihren neuen Herrn im Burgsaal. Aber Parzivals erster Gang galt dem kranken Anfortas. Tief erschüttert sank er am Lager des Leidenden auf die Knie und betete inbrün-
10 stig zu Gott, dass des Königs Qual ein Ende haben möge. Dann richtete er sich auf und sprach: „Oheim, was fehlt dir?" Da geschah das Wunder. Anfortas stand auf und war gesund. Er nahm Parzival bei der Hand und stellte ihn den Templeisen als den neuen Gralskönig vor. Jubelnd brachten die Gralsritter Parzival ihre
15 Huldigung[1] dar.

Dann kam ein Bote mit der Nachricht, Königin Kondwiramur, die auf des Grales Geheiß aus Pelrapeire aufgebrochen sei, lagere am Flusse Plimizöl. Da machte sich Parzival mit einer großen Templeisenschar auf, um sein ersehntes Weib einzuholen, obwohl es
20 schon tief in der Nacht war. Gegen Morgen kamen sie an Trevrizents Klause. Er segnete Parzival und sprach: „Nun hast du doch durch dein unablässiges, heißes Bemühen den Gral gewonnen." „Aber all mein Streben wäre fruchtlos geblieben, wenn Gott sich nicht meiner am Ende in Gnaden erbarmt hätte, und das hätte er
25 nicht getan, wenn ich nicht bei dir die Demut gelernt hätte", erwiderte Parzival. „Aber er hätte es auch nicht getan, wenn du tatenlos auf seine Gnade gewartet hättest. Dein unermüdliches Ringen hat Gottes Gnade endlich herbeigezogen", antwortete Trevrizent und befahl ihn Gott.

---

[1] Ehre, Zeichen der Ehrerbietung

Parzival kam auf die Waldlichtung, auf der er einst durch die drei
Blutstropfen im Schnee so stark an Kondwiramur erinnert worden war. Und siehe – da stand mitten darauf das Zelt der Fürstin,
umgeben von den Zelten ihrer Gefolgsmannen. Parzival ging in
5 das Zelt seiner Gemahlin hinein. Ahnungslos ruhte sie mit ihrem
Knäblein auf dem Lager. Parzival umfing die Schlafende und
weckte sie mit einem Kuss. Ohne ein Wort sprechen zu können,
hielten sich die lange Getrennten umschlungen. Nach langer Zeit
flüsterte Kondwiramur: „Viellieber Mann, so bist du mir endlich
10 wiedergegeben. Nun habe ich alles, wonach mein Herz verlangt,
und mein Trauern ist vorbei." Jetzt erwachten auch Lohengrin
und Kardeis, die ihren Vater nie gesehen hatten. Parzival konnte
kein Ende darin finden, sie zu herzen und zu küssen.

Als das königliche Paar mit den Kindern aus den Zelten trat, wa-
15 ren alle Mannen versammelt. Parzival ließ seinen Sohn Kardeis
zum König krönen und übertrug ihm nach des Grales Gebot die
Herrschaft über alle seine Länder. Schweren Herzens mussten
Kondwiramur und Parzival ihren Kardeis unter der Obhut treuer
Männer und Frauen nach Pelrapeire ziehen lassen. Sie selbst bra-
20 chen auf nach Montsalvatsch.

Sie kamen vorbei an Sigunes Klause. Da fanden sie die treue Maid
tot auf dem Grabe ihres Verlobten. Parzival ließ sie zu ihm in den
Sarg legen und das Grab wieder schließen.

Es war schon Nacht, als Parzival und Kondwiramur in Montsal-
25 vatsch anlangten. Die Burg erstrahlte im höchsten Lichterglanze,
es war alles auf das Herrlichste zum festlichen Empfang des Kö-
nigspaares bereitet. Nachdem die Ankömmlinge sich gewaschen
und ihre Festkleider angelegt hatten, versammelten sich alle im
großen Saal und feierlich wurde der Gral hereingetragen. Die
30 kostbaren Goldschüsseln füllten sich mit erlesenen Speisen und
die funkelnden Pokale mit ausgesuchten Getränken. Feirefis war
sprachlos ob der Pracht und Herrlichkeit. Die Schönheit der
Jungfrauen riss ihn zu immer neuen Ausrufen der Begeisterung
hin. Als aber Repanse hereintrat, geriet er außer sich vor Entzü-
35 cken. Er schaute sie unverwandt an und aß keinen Bissen mehr.
Nur einmal fragte er erstaunt, wie es käme, dass sich die Schüsseln und Becher von selbst füllten, und es stellte sich heraus, dass

er den Gral nicht sehen konnte, weil er ein Heide war. Da rieten
Anfortas und Parzival ihm, sich taufen zu lassen. Auch könne er
dann um Repanse werben. Froh rief Feirefis: „Wenn euer Sinn so
sehr nach taufen steht und taufen mir zur Minne verhilft, so will
5 ich es gern tun. Zeigt mir, wo ich kämpfen muss, und an kräf-
tigem Lanzenstoß und heißem Schwertstreich soll es nicht feh-
len!" Parzival versprach ihm, ihn am anderen Morgen über das
Wesen des Christentums zu belehren und die Taufe im Gralstem-
pel vollziehen zu lassen. Und so geschah es. Nachdem Feirefis die
10 Taufe empfangen hatte, gab man ihm Repanse zur Gemahlin und
sie errichteten im Morgenland ein Priesterkönigtum nach dem
Vorbild des Gralskönigtums.

Parzival aber waltete des hohen Amtes, das Gott ihm aufgetragen
hatte. Er sorgte für Recht und Frieden in der abendländischen
15 Christenheit. Wo immer ein Stärkerer einen Schwächeren mit
roher Gewalt zu unterjochen[1] drohte, dahin sandte er seine Templeisen, dass sie die unschuldigen Schwachen gegen den Raub
der Starken schützten. Und bald bekamen die Mächtigen in allen
Landen es zu spüren, dass der Gral wieder einen Herrn hatte und
20 dass man nicht ungestraft die Gewalt an die Stelle des Rechts
setzen kann. Parzival lehrte die Träger der Macht, dass sie sich
den Geboten Gottes genauso zu unterwerfen hätten wie das ge-
ringe Volk, dass Lüge auch unter den Herrschenden in dieser
Welt Lüge sei und Raub – Raub und Mord – Mord. Wo immer die
25 göttliche Ordnung des Rechts angetastet wurde, da ließ Gott sie
durch Parzival und seine Templeisen wiederherstellen.

---

[1] unter seine Herrschaft/Gewalt bringen

2. Volkssagen

Geistersagen

Der Wasserneck (Fränkische Sage)

In einer Winternacht gingen drei Besenschnitzer von Königshö-
fen im Kahlgrund nach Aschaffenburg[1], wo sie auf dem Markt
ihre Besen verkaufen wollten. Um rechtzeitig in der Stadt zu sein,
mussten sie lange vor Tag von daheim fort und sie schritten mit
5 dem schweren Bündel auf der Schulter über den knirschenden
Schnee. Bis sie nächst Schimborn an die Kahl kamen, verspürten
sie schon Müdigkeit und ließen sich am Bachufer auf ihre Birken-
reiser nieder und ruhten aus. Es war bitterkalt, der Bach führte
Eis und plötzlich vernahmen die drei in der gefrorenen Kahl ein
10 heftiges Poltern, als ob jemand mit großen Eisbrocken würfe. Die
Männer, für gewöhnlich ohne Furcht, erschraken aber doch bei
dem Lärm, der wie Donnerkrachen aus dem Bache durch die
nächtliche Stille erscholl. Denn ein jeder musste unwillkürlich an
den Wasserneck[2] denken, der hier in der Kahl wohnen sollte. Etli-
15 che Leute der Umgegend hatten einige Mal seine Rufe vernommen. „Hoho, hoho!", schrie er in finsterer Nacht; und die Menschen wichen ihm aus, weil er als tückisch galt, und nicht leicht
wagte sich jemand in der Nähe der Kahl über ihn lustig zu machen. Nun mussten die drei Königshofer Männer, um ihren Weg
20 fortzusetzen, über den Bach, und da wollte auf dem Steg keiner
der Erste oder der Letzte sein. Endlich sprach der Jüngste im
Scherz zu einem seiner Begleiter: „Hannes, geh du voraus, du
bist ein frommer Mann, dir tut der Wasserneck nichts. Ich will
der Letzte sein; denn der Wassermann und ich sind alte Freunde."
25 Also betraten sie den Steg. Sie waren auch schon fast hinüber, da
packte den jungen Burschen, welcher zuletzt schritt, der blanke
Übermut und er rief spottend: „Ei, gebt Acht, dass euch der Wassermann nicht holt! Hoho, Herr Wassermann, hoho!" Kaum hatte

---

[1] Stadt in Unterfranken
[2] Wassergeist

er diese Worte ausgesprochen, fasste ihn eine unsichtbare Hand
und riss und zog ihn durchs Eis hinunter in die kalte Flut. Du
kannst dir denken, wie die zwei anderen erschraken! Sie wagten
nun keine Silbe mehr zu sprechen, solange sie nicht fern des
5 Baches waren. Und nach dem Verkauf ihrer Besen gingen sie
heimwärts nicht mehr über den Steg bei Schimborn, sondern sie
suchten lieber auf einem Umweg in ihr Dorf zu gelangen.

Aus: Valentin Pfeiffer: Spessart-Sagen, Aschaffenburg, Pattloch 1982

Der wilde Jäger Hackelberg

Vorzeiten soll im Braunschweiger Land ein Jägermeister gewesen
sein, Hackelberg genannt, welcher zum Waidwerk[1] und Jagen solche große Lust getragen, dass, da er jetzt an seinem Todbett lag
und vom Jagen so ungern abgeschieden, er von Gott soll begehrt
5 und gebeten haben (ohnzweifelig aus Ursach seines christlichen
und gottseligen Lebens halber, so er bisher geführt), dass er für
sein Teil Himmelreich bis zum Jüngsten Tag am Solling[2] möcht
jagen. Auch deswegen in ermeldete Wildnis und Wald sich zu
begraben befohlen, wie geschehen. Und wird ihm sein gottloser,
10 ja teuflischer Wunsch verhängt[3], denn viermal wird ein gräulich
und erschrecklich Hornblasen und Hundegebell die Nacht gehört: Jetzt hie, ein andermal anderswo in dieser Wildnis, wie mich
diejenigen, die solch Gefährd[4] auch selbst angehört, berichtet. Zudem soll es gewiss sein, dass, wenn man nachts ein solch Jagen
15 vermerkt und am folgenden Tag gejagt wird, einer ein Arm, Bein,
wo nicht den Hals gar bricht oder sonst ein Unglück sich zuträgt.
Ich bin selbst (ist mir recht im Jahr 1558), als ich von Einbeck
übern Solling nach Ußlar geritten und mich verirrte, auf des Ha-
ckelbergers Grab ungefähr[5] gestoßen. War ein Platz wie eine Wie-
20 se, doch von unartigem[6] Gewächs und Schilf in der Wildnis, etwas

---

[1]   Jagd, Wilderei
[2]   Waldgebirge an der mittleren Weser in Niedersachsen
[3]   vom Schicksal verhängt oder erfüllt, gewährt
[4]   Zug (derjenigen, die an dem Treiben teilnehmen)
[5]   zufällig
[6]   schlecht geartet, von schlechter Art

länger denn breit, mehr denn ein Acker zu achten; darauf kein
Baum sonst stund wie um die Ende. Der Platz kehrte sich mit der
Länge nach Aufgang der Sonne und am Ende lag die Zwerch[1], ein
erhabener roter (ich halt[2] Wacken-)Stein[3], bei acht oder neun
5 Schuhen lang und fünfe, wie mich deuchte[4], breit. Er war aber
nicht, wie ein anderer Stein, gegen Osten, sondern mit dem einen
Vorhaupt gegen Süden, mit dem andern gegen Norden gekehrt.
Man sagte mir, es vermöchte niemand dieses Grab aus Vorwitz[5]
oder mit Fleiß, wie hoch er sich dessen unterstünde[6], zu finden,
10 käme aber jemand ungefähr, lägen etliche gräuliche schwarze
Hunde daneben. Solches Gespensts und Wusts ward ich aber im
Geringsten nicht gewahr, sonst hatte ich wenig Haare meines
Haupts, die nicht emporstiegen.

Aus: Deutsche Sagen, herausgegeben von den Brüdern Grimm. Zwei Bände in einem
Band. Darmstadt: Wissenschaftliche Buchgesellschaft, 1959

Hackelbergs Hund

In Rewelingen Haus in Schlüsselburg[7] stehen einmal in den
Zwölften[8] (Weihnachten bis Heiligen drei Könige) die beiden ge-
genüberliegenden Seitentüren offen; dazwischen liegt der Feuer-
herd. Da geht es plötzlich: „Kiff, kaff! Kiff, kaff!" Hackelberg zieht
5 mit dem wilden Heer hindurch und lässt einen Hund zurück, der
bleibt das ganze Jahr da und frisst nichts als Usel[9]. Der Hund liegt
immer am Herde, dicht am Feuer, und das Jahr drauf wird er von
Hackelberg[10] wieder mitgenommen. (Ähnlich wird von drei ver-

---

[1]   die Quere (also: quer)
[2]   ich meine
[3]   Felsblock, Basalt
[4]   wie mir schien
[5]   leichtsinnige Neugierde
[6]   wie sehr er das auch versuchte
[7]   Stadt an der Weser im Kreis Minden
[8]   in den Zwölften: die zwölf Nächte zwischen dem ersten Weihnachtstag
      und Dreikönige (6. Januar)
[9]   Asche
[10] vgl. den vorhergehenden Text

schiedenen Häusern in Wiedensahl[1] erzählt; sie sind gleich danach abgebrannt. – Deshalb ist es noch heute in manchen Häusern Gebrauch, in den Zwölften die Seitentüren fest zu schließen, sobald es Abend wird.)

Aus: Ut ôler Welt. Volksmärchen, Sagen, Volkslieder und Reime. Gesammelt von Wilhelm Busch. Münster: Verlag Regensberg, 1981, S. 119

Mitjagen

Ein Schneider saß einmal auf seinem Tische am Fenster und arbeitete, da fuhr der Wilde Jäger mit seinen Hunden über das Haus her und das war ein Lärmen und Bellen, als wenn die Welt verginge. Man sagt sonst den Schneidern nach, sie seien furcht-
5 sam, aber dieser war es nicht, denn er spottete des Wilden Jägers und schrie: Huhu, huhu, kliffklaff, kliffklaff! und hetzte die Hunde noch mehr an; da kam aber ein Pferdefuß ins Fenster hereingefahren und schlug den Schneider vom Tische herab, dass er wie tot niederfiel. Als er wieder zu Besinnung kam, hörte er
10 eine fürchterliche Stimme.

> Musst du met mi jagen,
> dan sost du auk mit mi knagen.[2]

Ich weiß gewiss, er wird nie wieder den Wilden Jäger geneckt[3] haben.

Aus: Niedersächsische Sagen IV. Herausgegeben von Will-Erich Peuckert. Göttingen: Verlag Otto Schwarz & Co., 1968, S. 17

---

[1] Geburtsort von Wilhelm Busch (nordwestlich von Stadthagen im Kreis Schaumburg-Lippe)
[2] Musst du mit mir jagen, dann sollst du auch mit mir nagen. In „Deutsche Sagen" (herausgegeben von den Brüdern Grimm) steht dieser Text unter der Überschrift „Der wilde Jäger und der Schneider" (Nr. 173). Der Vers des wilden Jägers weist ebenfalls einen Unterschied auf: statt „Musst" heißt es „Wust") (willst du ...).
[3] geärgert

Das wilde Heer

In Sanzenbach bei Hall weiß man vom Daherbrausen des wilden
Heeres; die Richtung geht über die „Herschel", eine Ödung am
Waldsaume[1] bei Sanzenbach. Das klägliche Getöse rührt von den
ungetauften Kindern her, die mitziehen. Unversehrt bleiben die,
5 welche sich schnell zu Boden legen. – Auch zwischen der Altstadt
Rottweil und Wellendingen zieht der wilde Jäger Rotstein[2] mitten
durch den Wald.

Aus: Deutsche Sagen. Herausgegeben von Will-Erich Peuckert. II, Mittel- und
Oberdeutschland. Berlin: Erich Schmidt Verlag, 1962, S. 181

Ruine Rodenstein

Werner Bergengruens[3] Schilderung zufolge liegt die Ruine Rodenstein
versteckt im nördlichen Odenwald. Der Weg dorthin führt vom Tal der
Gersprenz aus über Fränkisch-Crumbach oder Reichelsheim. Die eins-
tige Burg besteht heute nur noch aus Mauerresten und dem zerfallenen
5 *Westturm und ist von Gewächsen überwuchert.*
Einst war die heutige Ruine ein imposantes Anwesen. Hinter den
Mauern erhoben sich Verteidigungswerke, Türme und das Herren-
haus. Im 13. und 14. Jahrhundert erlebte die Burg den Höhepunkt ih-
rer Bedeutung. Später, vor allem während des Dreißigjährigen Krieges,
10 *verarmten und verelendeten die Rodensteiner. Die Burg wurde unbe-*
wohnbar. Der Letzte des Geschlechts, Georg Friedrich von Rodenstein,
verließ die Burg und zog nach Heppenheim, wo er 1671 starb. Die Burg
diente danach nur noch als Steinbruch und verfiel.

---

[1] Waldrand
[2] vgl. den folgenden Text
[3] Werner Bergengruen (1892–1964), deutscher Schriftsteller, vornehmlich
    Erzähler. „Das Buch Rodenstein" erschien 1927.

Die Lage der Burgruine Rodenstein

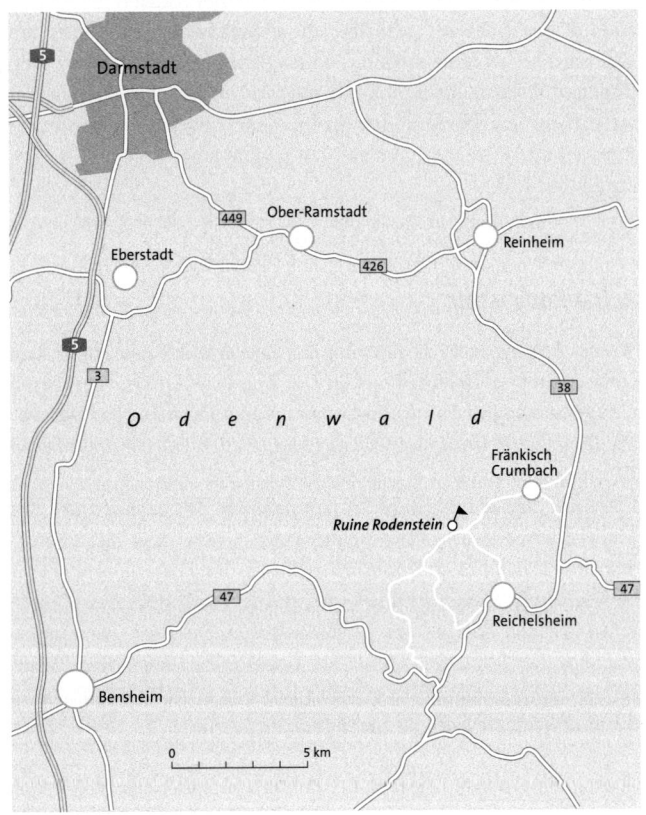

Nur wenige Kilometer von Reichelsheim liegt die Ruine Rodenstein

Burgruine Rodenstein

Rodensteins Auszug

Nah an dem zum gräflich erbachischen Amt Reichen-
berg gehörigen Dorf Oberkainsbach, unweit dem Odenwald, liegen auf einem Berge die Trümmer des alten Schlosses Schnellerts; gegenüber eine Stunde davon, in der Rodsteiner Mark,
5 lebten ehemals die Herrn von Rodenstein[1], deren männlicher
Stamm erloschen ist. Noch sind die Ruinen ihres alten Raub-
schlosses[2] zu sehen.
Der letzte Besitzer desselben hat sich besonders durch seine
Macht, durch die Menge seiner Knechte und des erlangten Reich-
10 tums berühmt gemacht; von ihm geht folgende Sage: Wenn ein
Krieg bevorsteht, so zieht er von seinem gewöhnlichen Aufent-
haltsort Schnellerts[3] bei grauender Nacht aus, begleitet von sei-

---

[1] Vgl. „Ruine Rodenstein", S. 99. Die Sage ist seit 1742 belegt.
[2] allgemeine Bezeichnung einer Burg, in der im Mittelalter meist Raubritter ansässig waren
[3] Burg im Odenwald

nem Hausgesind und schmetternden Trompeten. Er zieht durch Hecken und Gesträuche, durch die Hofraite[1] und Scheune Simon Daums zu Oberkainsbach bis nach dem Rodenstein, flüchtet gleichsam, als wolle er das Seinige in Sicherheit bringen. Man hat das Knarren der Wagen und ein Hoho-Schreien, die Pferde anzutreiben, ja selbst die einzelnen Worte gehört, die einherziehendem Kriegsvolk vom Anführer zugerufen werden und womit ihm befohlen wird. Zeigen sich Hoffnungen zum Frieden, dann kehrt er in gleichem Zuge vom Rodenstein nach dem Schnellerts zurück, doch in ruhiger Stille, und man kann dann gewiss sein, dass der Frieden wirklich abgeschlossen wird. Ehe Napoleon im Frühjahr 1815 landete, war bestimmt die Sage, der Rodensteiner sei wieder in die Kriegburg ausgezogen.

Aus: Deutsche Sagen, herausgegeben von den Brüdern Grimm, a.a.O., S. 192–193

---

[1] freier Raum eines Herrenhofs oder Landguts, der für Wirtschaftszwecke genutzt werden konnte

Historische Sagen

Der Binger Mäuseturm[1]

Zu Bingen ragt mitten aus dem Rhein ein hoher Turm, von dem nachstehende Sage umgeht: Im Jahre 974 ward große Teuerung[2] in Deutschland, dass die Menschen aus Not Katzen und Hunde aßen und doch viele Leute Hungers starben. Da war ein Bischof
5 zu Mainz, der hieß Hatto der Andere[3], ein Geizhals, dachte nur daran, seinen Schatz zu mehren, und sah zu, wie die armen Leute auf der Gasse niederfielen und bei Haufen zu den Brotbänken[4] liefen und das Brot nahmen mit Gewalt. Aber kein Erbarmen kam in den Bischof, sondern er sprach: „Lasset alle Armen und
10 Dürftigen sammeln in einer Scheune vor der Stadt, ich will sie speisen." Und wie sie in die Scheune gegangen waren, schloss er die Türe zu, steckte mit Feuer an und verbrannte die Scheune samt den armen Leuten, Jung und Alt, Mann und Weib. Als nun die Menschen unter den Flammen wimmerten und jammerten,
15 rief Bischof Hatto: „Hört, hört, wie die Mäuse pfeifen!" Allein Gott der Herr plagte ihn bald, dass die Mäuse Tag und Nacht über ihn liefen und an ihm fraßen, und vermochte sich mit aller seiner Gewalt nicht wider sie behalten und bewahren. Da wusste er endlich keinen anderen Rat, als er ließ einen Turm bei Bingen mitten
20 im Rhein bauen, der noch heutigentags zu sehen ist, und meinte sich darin zu fristen[5], aber die Mäuse schwammen durch den Strom heran, erklommen den Turm und fraßen den Bischof lebendig auf.

Aus: Deutsche Sagen, herausgegeben von den Brüdern Grimm, a.a.O., S. 248

---

[1] Der Mäuseturm ist eigentlich ein Maut- oder Zollturm. Als man das Wort in seiner Bedeutung nicht mehr verstand, schloss man es an „Maus" an. (Vgl. auch: „Der Mäuseturm", S. 104 f.)

[2] Preisanstieg

[3] Hatto II. war von 968 bis 970 Erzbischof von Mainz.

[4] Verkaufsstelle der Bäcker

[5] sein Dasein oder sein Leben zu fristen

Der Binger Mäuseturm

Der Mäuseturm

Historische Überlieferungen und Legenden ranken um den Turm auf einer kleinen Rheininsel vor Bingen. Tatsache ist wohl, dass schon die Römer hier eine kleine Befestigungsanlage bauten. In der Herrschaftszeit der Franken verfiel diese aber mehr und mehr. Erst als Hatto II.
5 *968 die Führung im Erzbistum Mainz übernimmt und Souverän[1] über Bingen wird, taucht der Inselturm aus dem historischen Tief-*

---

[1] Herrscher

schlaf wieder auf. War Bingen bis dahin de facto[1] eine reichsfreie Stadt, erzwingt nun die harte Regentschaft erhebliche Mehrabgaben und strenge Unterordnung der Bevölkerung. Der Legende nach setzt Hatto den Inselturm wieder instand und hält sich bei Besuchen der Stadt
5 *gelegentlich in vermeintlicher Sicherheit dort auf. Eines Tages zwingt ihn eine plötzliche Erkrankung, auf der Insel zu bleiben; er wird – so die Sage – von Tausenden von Mäusen angefallen und stirbt kurz darauf 970 in Bingen. Seitdem spricht man vom Mäuseturm. 1298 wird der Turm in das Zoll-Sperrsystem der Burg Ehrenfels einbezogen. 1689*
10 *zerstören französische Truppen das Bauwerk. Erst 1855 erinnert man sich wieder seiner Bedeutung. Die Preußen errichten auf der Insel einen Signalturm für die Schifffahrt, so wie er heute noch zu sehen ist.*

Aus: Bingen am Rhein live. Tipps und Informationen. Hrsg.: Verkehrsamt der Stadt Bingen (1998), S. 5

Die Weiber zu Weinsperg

Als König Konrad III.[2] den Herzog Welf geschlagen hatte (im Jahr 1140) und Weinsperg belagerte, so bedingten die Weiber der Belagerten die Übergabe damit, dass eine jede auf ihren Schultern mitnehmen dürfte, was sie tragen könne. Der König gönnte das
5 den Weibern. Da ließen sie alle Dinge fahren, und nahm eine jegliche ihren Mann auf die Schulter und trugen den aus. Und da des Königs Leute das sahen, sprachen ihrer viele, das wäre die Meinung nicht gewesen, und wollten das nicht gestatten. Der König aber schmutzlachte[3] und tat Gnade dem listigen Anschlag der
10 Frauen. „Ein königlich Wort", rief er, „das einmal gesprochen und zugesagt ist, soll unverwandelt bleiben."

Aus: Deutsche Sagen, herausgegeben von den Brüdern Grimm, a.a.O., S. 463–464

---

[1]   tatsächlich (gegenüber „de iure": rechtlich)
[2]   Der Staufer Konrad III. (geb. 1093 oder 1094 – gest. am 15.02.1152) belagerte ab November 1140 die Burg Weinsberg bei Heilbronn, die durch die Ehe Welfs VI. mit seiner Gemahlin Uta an die Welfen gekommen war. Am 21.12. besiegte er Welf VI. und sein Heer.
[3]   schmutzlachen: lächeln

Was sich in Weinsberg zugetragen haben soll, wird auch von anderen
Orten erzählt. Man kann hier also von einer „Wandersage" sprechen.
Das Sagenthema erscheint auch in anderen Textarten. Eine Ballade
des Dichters Gottfried August Bürger (1747–1794) beginnt folgender-
5 maßen:

Die Weiber von Weinsberg
Wer sagt mir an, wo Weinsberg liegt?
Soll sein ein wackres Städtchen,
Soll haben, fromm und klug gewiegt,
10 Viel Weiberchen und Mädchen.
Kömmt mir einmal das Freien ein,
So werd ich eins aus Weinsberg frei'n.

Die Kinder zu Hameln

*Der Rattenfänger von Hameln ist die wohl bekannteste deutsche Sa-
gengestalt. In über 30 Sprachen wurde die Sage übersetzt.*

Im Jahr 1284 ließ sich zu Hameln ein wunderlicher Mann sehen.
Er hatte einen Rock von vielfarbigem, bunten Tuch an, weshalben
5 er Buntding soll geheißen haben, und gab sich für einen Rattenfänger aus, indem er versprach, gegen ein gewisses Geld die Stadt
von allen Mäusen und Ratten zu befreien. Die Bürger wurden mit
ihm einig und versicherten ihm einen bestimmten Lohn. Der
Rattenfänger zog demnach ein Pfeifchen heraus und pfiff, da ka-
10 men alsobald die Ratten und Mäuse aus allen Häusern hervorge-
krochen und sammelten sich um ihn herum. Als er nun meinte,
es wäre keine zurück, ging er hinaus und der ganze Haufen folgte
ihm, und so führte er sie an die Weser; dort schürzte[1] er seine
Kleider und trat in das Wasser, worauf ihm alle die Tiere folgten
15 und hineinstürzend ertranken.
Nachdem die Bürger aber von ihrer Plage befreit waren, reute sie
der versprochene Lohn und sie verweigerten ihn dem Manne unter allerlei Ausflüchten, sodass er zornig und erbittert wegging.
Am 26. Juni auf Johannis- und Paulitag, morgens früh um sieben

---

[1] schürzen: in die Höhe nehmen, hochziehen

Uhr, nach andern zu Mittag, erschien er wieder, jetzt in Gestalt eines Jägers, erschrecklichen Angesichts, mit einem roten wunderlichen Hut, und ließ seine Pfeife in den Gassen hören. Alsbald kamen diesmal nicht die Ratten und Mäuse, sondern Kinder,
5 Knaben und Mägdlein vom vierten Jahr an, in großer Anzahl gelaufen, worunter auch die schon erwachsene Tochter des Bürgermeisters war. Der ganze Schwarm folgte ihm nach und er führte sie hinaus in einen Berg, wo er mit ihnen verschwand. Dies hatte ein Kindermädchen gesehen, welches mit einem Kind auf dem
10 Arm von fern nachgezogen war, danach umkehrte und das Gerücht in die Stadt brachte. Die Eltern liefen haufenweis vor alle Tore und suchten mit betrübtem Herzen ihre Kinder; die Mütter erhoben ein jämmerliches Schreien und Weinen. Von Stund an wurden Boten zu Wasser und Land an alle Orte herumgeschickt,
15 zu erkundigen, ob man die Kinder oder auch nur etliche gesehen, aber alles vergeblich. Es waren im Ganzen hundertunddreißig verloren. Zwei sollen, wie einige sagen, sich verspätet und zurückgekommen sein, wovon aber das eine blind, das andere stumm gewesen, also dass das blinde den Ort nicht hat zeigen
20 können, aber wohl erzählen, wie sie dem Spielmann gefolgt wären; das stumme aber den Ort gewiesen, ob es gleich nichts gehört. Ein Knäblein war im Hemd mitgelaufen und kehrte um, seinen Rock zu holen, wodurch es dem Unglück entgangen; denn als es zurückkam, waren die andern schon in der Grube eines
25 Hügels, die noch gezeigt wird, verschwunden.
Die Straße, wodurch die Kinder zum Tor hinausgegangen, hieß noch in der Mitte des XVIII. Jahrhunderts (wohl noch heute) die bunge-lose (trommel-, tonlose, stille), weil kein Tanz darin geschehen noch Saitenspiel durfte gerührt werden. Ja, wenn eine
30 Braut mit Musik zur Kirche gebracht ward, mussten die Spielleute über die Gasse hin stillschweigen. Der Berg bei Hameln, wo die Kinder verschwanden, heißt der Poppenberg, wo links und rechts zwei Steine in Kreuzform sind aufgerichtet worden. Einige sagen, die Kinder wären in eine Höhle geführt worden und in Sieben-
35 bürgen[1] wieder herausgekommen.

---

[1] von deutschen Siedlern geprägte Landschaft in Rumänien

Die Bürger von Hameln haben die Begebenheit in ihr Stadtbuch einzeichnen lassen und pflegten in ihren Ausschreiben[1] nach dem Verlust ihrer Kinder Jahr und Tag zu zählen. Nach Seyfried ist der 22. statt des 26. Juni im Stadtbuch angegeben. An dem
5 Rathaus standen folgende Zeilen:

> Im Jahr 1284 na Christi gebort
> to Hamel worden uthgevort
> hundert und dreißig Kinder dasülvest geborn
> dorch einen Piper under den Köppen verlorn.

10 Und an der neuen Pforte:

> Centum ter denos cum magus ab urbe puellos
> duxerat ante annos CCLXXII condita porta fuit.[2]

Im Jahre 1572 ließ der Bürgermeister die Geschichte in die Kir-
15 chenfenster abbilden mit der nötigen Überschrift, welche größ-
tenteils unleserlich geworden. Auch ist eine Münze darauf ge-
prägt.

Aus: Deutsche Sagen, herausgegeben von den Brüdern Grimm, a.a.O., S. 249–251

Aus der Stadtchronik

In der Chronik der Stadt Hameln ist lediglich dieser Eintrag vermerkt,
aus dem schließlich die so lebendig erzählte Sage entstanden ist:
Es ist ein Ebentewrer, den mann seiner seltzamen kleidung wegen Tibicinem Omnium Colorum, den bunten Pfeiffer, genant,
5 in die Stadt gekommen und vorgeben, das er die grosse Ratzen
(damit sie gar uberheuffet waren) vertreiben wollte, darüber sich
die Bürger einer gewissen belohnung mit ihm verglichen. Alsbald
hat dieser Ebentewrer ein helles Pfeifflein geblasen. Da seind die
Ratzen aus allen gassen und heusern hauffenweise herfür gelau-

---

[1] Bekanntmachungen
[2] "272 Jahre, nachdem der Magier (Zauberer) die Kinder aus der Stadt ent-
führt hatte, bin ich, Tor, gegründet worden." Zu dieser Inschrift gehört die
Angabe „Anno 1556". (Heinrich Spanuth: Der Rattenfänger von Hameln.
Vom Werden und Sinn einer alten Sage. Hameln: C. W. Niemeyer Verlag,
1951, S. 31)

ffen und haben sich zusammen gethan; welche er dann an die
Weser geführet und erseuffet hat. Wie nun die Stadt des ungezie-
fers los geworden, seind sie wegen der belohnung mit dem Ebentewrer uneins geworden.

Aus: Die Kinder von Hameln (Chronik) (S. 78). Zitiert nach: Manfred Brauneck: Der
Rattenfänger von Hameln. In: Der Deutschunterricht, Heft 6, Reihe 20 (1969).
Stuttgart: Ernst Klett Verlag, S. 36

Hermann Kaulbauch: Der Rattenfänger von Hameln. Holzstich, 1890

Thomas Froehling: Der Rattenfänger von Hameln – Er hat wirklich gelebt

Am 26. Juni des Jahres 1284 tauchte in der Stadt Hameln ein Mann in bunter Kleidung auf, der sich als Rattenfänger ausgab. Für 1000 Taler versprach er die Stadt von der Rattenplage zu befreien. Die Bürger waren einverstanden. Der Fremde zog ein Silberpfeifchen heraus, spielte eine eigentümlich lockende Melodie – und schon strömten die Ratten und Mäuse aus ihren Löchern und sammelten sich um ihn. Der Rattenfänger ging mit ihnen vor die Stadt und dort stürzten sich auf einen Pfiff hin die Nagetiere in den Fluss und ertranken.

Nun aber erschienen den Bürgern auf einmal die Kosten zu hoch. Sie jagten den bunt gekleideten Mann mit Schimpf und Schande aus der Stadt. Als am Sonntagmittag darauf die erwachsenen Einwohner in der Kirche beim Gottesdienst waren, kam der Fremde zurück. Wieder spielte er eine eigentümliche Melodie und lockte mit seinem Spiel alle 130 Kinder aus der Stadt. Sie kamen nie wieder zurück...

Die Rattenplage des Mittelalters

[...]

Was aber ist damals wirklich in Hameln passiert? Zumindest der erste Teil dieser Sage könnte in großen Teilen der Wahrheit entsprechen. Denn im Mittelalter gab es in fast allen Dörfern und Städten Rattenplagen. Kein Wunder: Damals schüttete man ja seinen Abfall einfach auf die Straße, schlief oft jahrelang auf demselben Strohballen und badete nur zu sehr hohen Feiertagen. Das waren paradiesische Zeiten für Ungeziefer!

Auch heute, obwohl wir so auf Sauberkeit und Hygiene achten, sind ja die Ratten aus unseren Städten nicht verschwunden. Noch jetzt haben Kammerjäger gut zu tun. 20 Millionen Mark[1] werden jährlich für Rattengift ausgegeben. Zum Beispiel auch im so hochzivilisierten Wien gibt es fast dreimal mehr Ratten als Einwohner: Rund vier Millionen Nagetiere wimmeln dort in Straßen,

---

[1] Etwa 10 Millionen Euro

Schächten und Kellern! Wie muss es da erst vor 700 Jahren in den
Städten ausgesehen haben!

Der Schrei der grauen Nager

Was heute der Kammerjäger ist, war im Mittelalter der Rattenfän-
5   ger. Aber er hatte natürlich andere Methoden. Der Tierforscher
Vitus B. Dröscher bringt uns auf die Spur: „Noch heute wendet
man in Norwegen alte Methoden an. Wenn dort ein Bauernhaus
von Ratten verseucht ist, fängt der Bauer ein Tier, versengt ihm
mit einem Feuerzeug das ganze Fell [...] und lässt es wieder frei:
10   Das anhaltende Schmerzgeschrei [...] veranlasst alle Ratten, den
Haushalt zu verlassen.“
Diesen Schmerzensschrei nun kann man auf einer Pfeife nach-
ahmen. Es ist ein Ultraschallton, den wir Menschen nicht hören
können. Die Ratten aber jagt er aus ihren Löchern. Das also
15   könnte auch die Arbeitsweise des Rattenfängers von Hameln gewesen sein. Aber hat er so auch Kinder von daheim weglocken
können? Wohl kaum! Einen Sinn erhält die alte Sage nur, wenn
man eine andere Erklärung für den Kinder-Auszug findet.

Aussiedler des Mittelalters

20   Der Hamelner Studienrat Spanuth hat eine neue Deutung der
Geschichte gefunden. Er glaubt, dass der Rattenfänger von Hameln in dem Dorf Leute suchte, die in eben gegründeten Sied-
lungen im Osten eine neue Heimat finden wollten.
Aber Dorfneugründungen mit Kindern? Da stimmt etwas nicht.
25   Der Grund dafür ist ein Übertragungsfehler: In den alten Chro-
niken wird ja das Wort „Kint“ verwendet. Und das wurde mit
„Kind“ übersetzt. „Kint“ aber bedeutet auch „Jungmann“ und
„Jungfrau“. Also könnte der Rattenfänger von Hameln nicht Kinder – sondern junge Leute aus dem Dorf geführt haben.

Städte im Mittelalter lockten Ratten an; Dreck wurde einfach auf die
Straße geschüttet; manche Leute schützten sich mit Schirmen.
(Holzschnitt aus dem Mittelalter)

Nun bekommt die alte Sage einen neuen Sinn. Der Rattenfänger
ist auch ein – Bauernfänger! Mit scheinbar magischem Zauber
befreit er das Dorf von der Rattenplage. Er will aber kein Geld –
sondern erschleicht sich damit das Vertrauen der Bürger. Denn
5 nun erzählt er den jungen Leuten von dem Reichtum der neuen
Ostgebiete und wie leicht jeder dort sein Glück machen könne.
Der Mann im bunten Tuch redet und redet – und ihm folgen fast
alle Jungen aus dem Dorf in den goldenen Osten. Kaum aber ist
er über alle Berge, wachen die Zurückgebliebenen auf.

Die späte Reue der Hamelner

Wer soll nun die schwere Arbeit machen? Die starken jungen Männer sind ja fort. Wer wird nun im Fluss die Wäsche waschen und das Vieh versorgen? Die Mädchen gingen ja mit ihnen. Hat
5 der Mann, der die Ratten verzaubert hat, nicht auch die Dorfjugend verführt? Sind sie ihm nicht willenlos per Pfiff gefolgt wie die Nagetiere? Ja, ein Hexenmeister hat ihnen die Kinder genommen, und somit hat eigentlich keiner der Hamelner Bürger Schuld an dem Unglück!

10 Das also könnte der wahre Kern der Sage vom Rattenfänger von Hameln sein. Das Datum dieses Auszugs brannte sich den Zurückgebliebenen ein: Es war der 26. Juni 1284. Noch heute ist dieser Tag in Hameln ein Gedenktag.

Was aber wurde aus den jungen Aussiedlern? Sie haben ihr Ziel
15 unter der Führung ihres Anwerbers wirklich erreicht! Bei der Stadt Brünn (Tschechien) liegt ein Dorf, das heute Hamlingow heißt. Jahrhunderte früher hatte es noch einen anderen Namen: Hameln.

Aus: Treff Jugendbuch 1993. Seelze: Velber Verlag

Claus Störtebeker[1] und Gödeke Michael

Vor vielen Jahren hatten die Bewohner Rügens von den Einfällen[2] und Brandschatzungen[3] einer gefährlichen Seeräuberbande zu leiden, deren Anführer Claus Störtebeker und Gödeke Michael hießen. Störtebeker soll von der Halbinsel Jasmund stammen und eines Bauern Sohn aus Ruschvitz sein; auf diesem Hofe soll er als Knecht gedient haben und später von dort entlaufen sein. Im Jahre 1840 fanden Arbeiter von Ruschvitz beim Umackern einer wüsten[4] Stelle den Grundbau eines Hauses und erzählten damals, sie hätten immer gehört, dass Störtebekers Eltern an dieser Stelle gewohnt hätten. Störtebeker soll von gewaltigem Körperbau und übermenschlicher Kraft gewesen sein, sodass er eiserne Ketten sprengen und ein Hufeisen auseinanderreißen konnte; dazu war er der Liebe nicht abhold und ein gewaltiger Trinker. Sein Genosse war Michael Gödeke oder umgekehrt Götke Micheel, auch kurzweg Gömichel, wie der Volksmund ihn gewöhnlich nennt.

Überall an der Küste hatten die kühnen Seeräuber ihre Schlupfwinkel, in welchen sie ihre reiche Beute aufspeicherten. Denn ganz unermesslich waren die Schätze, welche sie auf ihren mannigfachen Zügen zusammengeraubt hatten. Zu Stubbenkammer in der Nähe der beiden Kreidepfeiler, welche in der halben Höhe des Abhanges emporragen, soll sich eine Höhle und in dieser die Hauptniederlage[5] Störtebekers befunden haben. Es wird auch wohl erzählt, dass ein Teil seiner Schätze bei Stubbenkammer im Meere verborgen liege.

[...]

---

[1] Claus Störtebeker trat seit 1394 als Anführer der „Vitalienbrüder" auf. Er wurde mit Gödeke Michael bzw. Michels und über hundert anderen Seeräubern 1401 in Hamburg hingerichtet.

[2] Überfälle

[3] Zwangserhebung von Geldbeträgen in feindlichen Ländern unter Androhung des Niederbrennens und der Plünderung der betroffenen Stadt oder Landschaft

[4] öde, verlassen

[5] Hauptniederlassung

Auf ihren Beutezügen richteten Störtebeker und Gödeke Michael ihre Angriffe vornehmlich gegen reiche Leute; den Armen aber taten sie nie etwas Böses, ja sie unterstützten dieselben wohl gar mit Geld und gaben dann reichliche Gaben. Eines Tages ging

5 Störtebeker durch ein rügensches Dorf, da sah er vor der Haustür eine Frau sitzen, die ein paar Beinkleider flicken wollte. Es fehlte ihr aber ein Stück Zeug dazu. Da warf ihr Störtebeker einen Lappen Tuch hin, und als die Frau denselben umwendete, klebten an der Rückseite lauter blanke Goldstücke. – In Hagen auf Jasmund

10 saß einst ein Mann vor der Haustür und weinte; er sollte aus dem Hause ausziehen, weil er die rückständige Miete nicht bezahlen konnte. Da kam Störtebeker durch das Dorf; er sah den Alten und fragte ihn, was ihm fehlte. Und als er die Not des Mannes vernommen hatte, gab er ihm so viel Geld, dass er auf mehrere Jahre

15 hinaus die Miete für die Wohnung bezahlen konnte.

In ähnlicher Weise hat er einst einer Frau in Bobbin geholfen. Sie war eine arme Witwe und sollte, da sie die Wohnungsmiete nicht zahlen konnte, das Haus räumen. Da soll ihr Störtebeker so viel Geld gegeben haben, dass sie nie wieder in Not kam. Das betref-

20 fende Haus ist noch jetzt in Bobbin vorhanden.

Lange Zeit hindurch hausten die von jedermann gefürchteten Seeräuber ungestört in den rügenschen Gewässern. Endlich aber gelang es den Rügianern doch, ihrer habhaft zu werden. Störtebeker sowohl wie sein Genosse Michel Gödeke wurden gefesselt

25 eingebracht und zum Tode verurteilt. Sie suchten zwar dem Verderben zu entgehen und versprachen sich mit einer goldenen Kette zu lösen, welche rings um die Mauern der Stadt Hamburg herumreiche. Aber die Leute in Rügen ließen sich durch solche Versprechungen nicht blenden; sie waren froh, ihre Plagegeister

30 in ihre Gewalt bekommen zu haben, und das Urteil wurde an ihnen vom Henker vollzogen. Noch heute zeigt man die Stelle, wo die beiden Räuber getötet und ihre Leichname eingescharrt wurden; es ist das eine kleine Lichtung, welche inmitten der Stubbnitz gelegen ist.

35 Die Schiffe der Seeräuber wurden auf Abbruch verkauft, und dabei erstand sich ein armer Tagelöhner die Mastbäume, um sie als Brennholz in seinem kleinen Haushalt zu verwenden. Wie er sich

nun daran machte, die Masten in Stücke zu sägen, siehe, da fielen statt der Sägespäne kleine, blanke Körnchen zur Erde. Er schaute näher zu und da ergab es sich, dass sämtliche Mastbäume inwendig hohl und die Höhlungen mit lauterem Golde gefüllt waren.

5 Das war das Gold, aus welchem Störtebeker die Kette hatte anfertigen wollen, die er als Lösegeld in Aussicht gestellt hatte. Der arme Tagelöhner aber wurde durch die gefundenen Schätze ein steinreicher Mann, dass er genug hatte sein Leben lang.

Wenn in der eben angeführten Sage die von Störtebeker versprochene Kette bereits auf Hamburg hinwies, so tritt diese Beziehung noch deutlicher hervor in einer anderen, ebenfalls auf Rügen heimischen Sage.

Als einmal die Seeräuberflotte, so erzählt man sich, auf offener See vor Anker lag, näherten sich ihr die rügenschen Fischer in der

15 Dunkelheit der Nacht, ohne von jenen bemerkt zu werden. Da die Rügenschen zu schwach waren, um die Seeräuber zu überwältigen, so verkeilten sie die Steuer der feindlichen Schiffe, sodass sie dieselben am anderen Tage bei der auffrischenden Brise nicht gebrauchen konnten. Der Wind trieb die Schiffe vielmehr in der

20 Richtung hin, welche das unbewegliche Steuer angab. Auf diese Weise kamen die Seeräuber direkt nach Hamburg, wo sie dann gefangen genommen wurden.

Über die Gefangennahme Störtebekers durch die Hamburger gibt es noch eine andere Sage, welche sich freilich mit dem schon

25 Angeführten zum Teil deckt. Diese Sage lautet folgendermaßen: Die beiden Seeräuber Claus Störtebeker und Gödeke Michel lagen eines Tages mit ihrem Schiffe in der Nähe von Hamburg. Ringsumher war kein anderes Schiff zu sehen, nur ein kleines Fischerboot lag in einiger Entfernung. Die Räuber ließen es je-

30 doch unbeachtet; sie meinten, da wäre doch nichts zu holen, und dass das kleine Boot ihnen Schaden bringen könne, daran dachten sie nicht im Entferntesten. Der Fischer aber, der im Boote saß und die Seeräuber wohl kannte, gab genau Acht auf alles. Als es nun gegen Mittag sehr heiß wurde und die Räuber allmählich

35 einschliefen, kam der Fischer herbei und goss die Angeln des Steuerruders mit Blei aus, sodass sie unbeweglich waren. Dann segelte er schnell nach Hamburg, rief Leute herbei, bemannte ei-

nige Schiffe und führte sie dahin, wo das Schiff der Seeräuber lag. Diese wollten schnell entfliehen, aber sie konnten nicht, da sie das Steuer nicht in ihrer Gewalt hatten. Deshalb mussten sie sich gefangen geben. Störtebeker und Michel Gödeke suchten nun ihr
5 Leben loszukaufen, indem sie den Richtern große Schätze und eine goldene Kette anboten, die dreimal um Hamburg reiche. Die Richter ließen sich aber auf solche Versprechungen nicht ein und verurteilten die Räuber zum Tode.

Über den Tod Störtebekers wird erzählt, dass dieser kühne, starke
10 Mann, als ihm bereits der Kopf abgehauen war, noch eine ziemliche Strecke fortgelaufen sei, bis ihm ein Gehülfe des Scharfrichters einen Richtblock vor die Füße warf, über den der enthauptete Seeräuber stolperte und zu Fall kam. Eine andere Fassung der Sage fügt noch hinzu: Als Störtebeker geköpft werden sollte, standen
15 seine mitgefangenen Spießgesellen[1] in einer langen Reihe neben dem Richtblocke[2]. Da sprach der Richter zu Störtebeker, wenn er, nachdem ihm der Kopf abgehauen sei, noch umherlaufen könne, so sollten alle diejenigen seiner Gefährten, an welchen er vorbeilaufen würde, frei sein. Darauf lief Störtebeker, als er seinen Kopf
20 bereits verloren hatte, ein ganzes Stück an der Reihe seiner Gefährten entlang, bis er endlich doch zusammenbrach. [...]

Aus: Rügen'sche Sagen und Märchen. Gesammelt und herausgegeben von Dr. A. Haas. Stettin: Johannes Burmeisters Buchhandlung. 31903, S. 182–189

Störtebekers Jugend

Claus Störtebeker ist, bevor er ein Seeräuber geworden, ein Edelmann gewesen und hat in seinen jungen Jahren lustig gelebt, Fehden ausgefochten, turniert und gerauft, geschmaust und gezecht[3] und darnach in Hamburg mit anderen wilden Gesellen so lange
5 bankettiert[4] und gewürfelt, bis er Hab und Gut verprasst hatte. Zuletzt nahmen ihm die Hamburger, denen er tief verschuldet

---

[1] Waffengefährten, Helfer
[2] Holzblock, auf dem der Kopf eines Verurteilten ruhte, bevor er mit einer Axt durch einen Scharfrichter enthauptet wurde
[3] gegessen und (Alkohol) getrunken
[4] geprasst (zu „Bankett": Festmahl)

war, sogar sein ritterlich Gewand und Rüstzeug und verwiesen ihn der Stadt; da ist er unter die Vitalienbrüder[1] gegangen und ein Seeräuber geworden, wie vor ihm noch keiner gewesen ist.

Damals war Godeke Michels das Haupt der Seeräuber, ein tap-
5 ferer, gewaltiger Mann, auch guter Leute Kind. Der nahm den neuen Gesellen mit Freuden auf, denn er war so stark, dass er ei-ne eiserne Kette wie Bindfaden[2] zerreißen konnte, und unerhört unerschrocken. Claus bekam sofort ein Schiff zu kommandieren und bald teilte Godeke Michels mit ihm den Oberbefehl. Weil er
10 aber so viel trinken konnte, dass er die vollen Becher in einem Zuge aus und ohne abzusetzen hinunterzustürzen pflegte, nann-te man ihn Störtebeker.

Aus: Hanseatische Sagen, herausgegeben und eingeleitet von Lutz Mackensen. Leipzig: Hermann Eichblatt Verlag, 1928, S. 94

---

[1] Freibeuter, die Ende des 14. Jahrhunderts in der Ostsee als Seeräuber ak-tiv waren
[2] feste, dünne Schnur

Claus Störtebeker

Dr. Faustus

Dr. Faust kehrt sich von der Offenbarung ab und wendet sich den weltlichen Wissenschaften zu

Johannes Faust war eines Bauern Sohn, aus Rod bei Weimar gebürtig. Seine Eltern waren rechtschaffend christliche Leute. Sein
5 Oheim[1], ein wohlhabender Bürger zu Wittenberg, nahm ihn, weil er selbst keine Kinder hatte, zu sich und ließ ihn studieren. Faust hatte einen großen, scharfen Verstand, zum Studieren gar wohl geeignet und geneigt. Er überflügelte rasch alle seine Mitstudenten und ward schon nach kurzer Zeit Magister und Dr. der
10 Theologie. Sein Wissen und Verstand aber haben ihn hoffärtig[2] gemacht, so sehr, dass er seine eigene Vernunft und Erkenntnis für höher hielt als Gottes Offenbarung. Er legte die Heilige Schrift hinter die Tür und unter die Bank und wandte sich dem Studium der weltlichen Wissenschaften: der Mathematik, der Physik, der
15 Chemie, der Astronomie und der Medizin zu. Er nahm an sich Adlers Flügel und wollte alle Gründe von Himmel und Erde erforschen. Aber er musste schmerzlich erfahren, dass seine natürliche Kraft zu diesem Fürhaben[3] nicht ausreichte, dass der Tätigkeiten, die er ausüben konnte, viel zu wenig waren und über-
20 haupt die menschliche Lebenszeit nicht lange genug währte. Da nahm er die Magie[4] zu Hilfe und knüpfte Verbindungen zu den Dämonen an. Zuletzt aber verfiel er auf den Gedanken, dass nur einer seinen Wissensdurst und seinen Lebenshunger stillen könne: derjenige, den Paulus im Brief an die Epheser den „Fürst die-
25 ser Welt" nennt.

Dr. Fausts Pakt mit dem Teufel

Er begab sich zu einem großen dichten Wald, bei Wittenberg gelegen. Um Mitternacht erreichte er einen Kreuzweg oder eine doppelte Wegscheide. Er machte mit einem Stab etliche Kreise
5 und beschwor den Teufel. Da erhob sich im Walde ein solcher

---

[1] Onkel
[2] hochmütig, anmaßend
[3] Vorhaben
[4] Zauberei

Tumult, als sollte alles zugrunde gehen. Eine ohrenzerreißende
Musik ertönte, die Erde erbebte, die Stämme krachten und split-
terten, Millionen von Teufeln schossen als feurige Strahlen und
glühende Bolzen aus dem Dunkel des Waldes in die Kreise und
5 wieder zurück. Sterne fielen vom Himmel, verwandelten sich in
glühende Kugeln, die sich auf den Wald niedersenkten und zer-
platzten. Faust aber ließ sich nicht irre machen, sondern sprach
seine Beschwörungsformeln immer lauter. Endlich schoss ein
Feuerstrom gleich einer riesigen Fontäne empor, sank in sich zu-
10 sammen und verwandelte sich in die Gestalt eines feurigen
Mannes; der schritt mehrere Male um den Kreis herum, bis er
endlich die Gestalt eines grauen Mönches annahm.
„Was begehrst du von mir?", fragte er. Faust antwortete: „Ich will,
dass du mein gehorsamer Diener sein sollst, dass du so oft er-
15 scheinst, wie ich dich rufe, und alles tust, was ich dir befehle."
Darauf antwortete der graue Mönch, solches zu gewähren hätte er
keine Gewalt, da müsste er erst seinen Herrn fragen. „Wer ist
denn dein Herr, und wie heißest du?", wollte Faust wissen. Der
Mönch sprach: „Mein Herr ist Luzifer. Der war von Gott als ein
20 schöner Engel erschaffen, so schön, dass er der Sonne und Sterne
Glanz übertraf. Gott übertrug ihm ein himmlisches Fürstenamt,
er war vollkommen in allen seinen Wegen und trug die Krone aller himmlischen Herrlichkeit. Aber er wollte noch mehr. Er wollte
die Lenkung aller Dinge, die nur Gott allein gebührt, in seine
25 Hand bekommen. Um sich selbst zu erhöhen, lehnte er sich auf
gegen Gott, und da er zu gewinnen glaubte, verlor er alles. Er
ward aus der Wohnung der Seligkeit vertilgt und von seinem Sitz
gestoßen in einen Feuerpfuhl[1], der ewig nicht erlischt und daraus
er in Ewigkeit nicht zu entrinnen vermag. Da ist er Gott und allen
30 Menschen feind geworden und hat sich vorgesetzt, die Menschen
auf alle Weise zur Sünde zu verführen und von Gott abzuziehen.
Legionen von Geistern stehen in seinen Diensten, um die
menschlichen Seelen zum Abfall von Gott zu bringen. Zu diesen
Geistern gehöre auch ich. Mephistopheles ist mein Name." Nach-
35 dem er geendet, beschwor Dr. Faust ihn bei seinem Herren, dass

---

[1] Pfuhl: Morast, Sumpf

er sein Begehren ins Werk setzen sollte. Das bewilligte ihm der Geist und versprach, dass er ihn am nächsten Tag um Mitternacht in seiner Behausung aufsuchen wollte.

Zur festgesetzten Zeit erschien Mephisto bei Faust und sprach, er
5 wolle ihm unter gewissen Bedingungen vierundzwanzig Jahre lang in allem untertänig und gehorsam sein. Welches die Bedingungen wären, erkundigte sich Faust. Mephisto antwortete:

„1. Du musst den christlichen Glauben verleugnen und dich losmachen von Gott.

10 2. Du darfst niemanden lieben als dich selbst."

„Wenn du dich", so fuhr Mephisto fort, „der Gottlosigkeit und der Eigenliebe verschreibst, dann gebe ich dir die ganze Welt als Beute. Du brauchst nur zuzugreifen. Worauf immer du Appetit verspürst, ich verschaffe es dir und du darfst es verzehren. Für alles
15 dieses brauchst du mir nur für hernach deine Seele zu verschreiben, weiter nichts." „Ich pfeife auf das, was nach dem Tode kommt", sagte Dr. Faust. „Gut", sagte Mephisto, „aber du musst dich mir schriftlich verschreiben, und zwar mit Blut." „Wenn es weiter nichts ist", sagte Faust, nahm ein Messer und stach sich
20 eine Ader der linken Hand auf. Da erschienen vor seinen Augen in blutigen Buchstaben die Worte: „O, homo, fuge", das heißt zu deutsch: „Oh, fliehe, Mensch." Aber den Verwegenen kümmerte auch diese Warnung nicht, er ließ das Blut heraus in einen Tiegel[1], setzte es auf heiße Kohlen und schrieb:
25 Ich, Johannes Faustus, Doctor, bekenne mit meiner eigenen Hand öffentlich in Kraft dieses Briefes: Nachdem ich mir vorgenommen, die Elemente[2] zu erforschen, aus den Gaben aber, die mir von oben herab beschert und gnädig mitgeteilt worden, solche Geschicklichkeit in meinem Kopf nicht befinde und solches
30 von den Menschen nicht erlernen mag, so habe ich gegenwärtigem Geist, der sich Mephistopheles nennt, einem Diener des höllischen Fürsten, mich untergeben, auch denselben, mich solches zu berichten und zu lehren, mir erwählt, der mir auch versprochen hat, in allem untertänig und gehorsam zu sein. Dage-

---

[1] Schmelzpfanne
[2] Naturgewalten; Grundgesetzlichkeiten

gen verspreche ich ihm hinwieder, dass er, so das vierundzwanzigste Jahr von Dato dieses Briefes an verlaufen, mit mir nach seinem Gefallen zu schalten und zu walten gute Macht haben solle, mit allem, es sei Seele, Fleisch, Blut und Gut, und das in
5 Ewigkeit. Dazu absage ich allen denen, die da leben, allem himmlischen Heer und allen Menschen. Zu fester Urkunde und mehrer Bekräftigung habe ich diesen Revers[1] mit eigener Hand und mit meinem eigenen Blute geschrieben und unterschrieben.

Johannes Faustus, Doctor.

10 Nachdem Faust dem Teufel den Brief überreicht hatte, musste Mephisto noch in derselben Nacht mit seinem Dienst beginnen. Faust wollte die stattlichsten Kleider und Schuhe haben, die es zu Nürnberg, Augsburg und Frankfurt gebe. Mephisto sollte sogleich in diesen Städten einkaufen. Da es aber Nacht war und die
15 Kaufleute nachts nicht in den Läden zu sitzen pflegen, musste Mephisto die Sachen stehlen. Nachdem Faust sich von Kopf bis zu Fuß neu eingekleidet hatte, sodass er aussah wie ein großer Herr von Welt, verlangte er ein üppiges Mittagsmahl. Aus den Speisekammern und Küchen der Herzöge und Kurfürsten muss-
20 te Mephisto die leckersten Gerichte herbeischaffen und aus den Kellern der Bischöfe die erlesensten Weine. Faust schmauste und zechte nach Herzenslust. Seinem jungen Schüler und Famulus[2] Christoph Wagner gefiel dieses Spiel auch. Er schwelgte mit in diesen Hochgenüssen und sein Herr versprach ihm überdies
25 noch, er wolle einen hocherfahrenen und geschickten Mann aus ihm machen. Und wie die Jugend allezeit mehr zum Bösen als zum Guten neigt, also dieser auch.

Dr. Faust wollte sich verheiraten

Aber eines Tages befriedigten das Essen und Trinken und die schönen Kleider den Faust allein nicht mehr und er sagte zum Teufel: „Nun will ich heiraten." „Du bist wohl nicht gescheit", rief der Teufel. „Weißt du nicht, dass du, um in den Ehestand zu tre-

---

[1] schriftliche Erklärung, durch die sich jemand zu etwas verpflichtet
[2] Diener, Gehilfe

ten, einen anderen Menschen lieben musst, der nicht du selbst
ist? Selbstlose Liebe aber gehört in den Bereich Gottes und ist dir
laut Vertrag nicht gestattet, zu deinem Vorteil, muss ich sagen.
Denn wenn du liebst, gehörst du nicht mehr dir selbst, sondern
einem anderen Menschen; du bist an einen anderen gekettet mit
deinem ganzen Gefühl. Das ist eine Schmach und Schande für
einen Kerl, der etwas auf sich hält. Wir bewahren dich vor der
größten Torheit. Wenn du verheiratet bist, musst du unaufhörlich
für einen anderen Menschen sorgen und nicht nur für einen.
Nachher kommen die Kinder und dann ist es aus mit aller Ruhe
und Bequemlichkeit. Du hast mich gedungen[1], damit ich dir ein
genussreiches Leben verschaffe. Wenn du aber eine Familie hast,
musst du dich von früh bis spät für die abplagen und es ist vorbei mit dem Lebensgenuss." „Ich kann und will aber nicht länger
ohne Weib sein", sagte Faust. „Das brauchst du auch nicht", erwiderte der Teufel. „Wenn du auf die Ehe verzichtest, die eine christliche Einrichtung ist, darfst du nicht nur *eine* Frau haben, sondern
ihrer so viele, wie du magst. Wenn du durch die Stadt oder über
Land gehst und es gefällt dir eine, dann brauchst du es mir nur zu
sagen: Ich besorge sie dir und du kannst deine Kurzweil mit ihr
treiben, solange du magst. Bist du aber ihrer überdrüssig, führe
ich dir eine neue zu, jeden Tag eine schönere, wenn du willst. Nur
echte dauernde Herzensliebe darfst du für keine empfinden;
denn es steht geschrieben: „Wer in der Liebe bleibt, der bleibt in
Gott und Gott in ihm." Du aber hast dich mir verschrieben. Dafür
bist du aber auch in Bezug auf die Weiber von der lästigen Treue
entbunden und hast immer Abwechslung." Das ging dem Dr.
Faust wohl ein und eine ganze Zeit trieb er nun mit den Weibern
sein Spiel.

Wie Dr. Fausts Gewissen sich noch einmal meldete

Da mahnte ihn sein Gewissen noch einmal leise zur Umkehr und
Buße. Nachts träumte ihm von der Hölle und eines Tages fragte
er Mephisto, wie die Hölle beschaffen sei, welche Qual die Verdammten zu leiden hätten und ob sie wieder zu Gottes Huld

---

[1] dingen: in Dienst nehmen

kommen könnten. Mephisto antwortete: „Die Hölle hat mancherlei Beinamen und Bedeutung. Denn einmal wird die Hölle hungrig und durstig genannt, weil der Mensch zu keiner Erquickung und Labung gelangen kann. Auch heißt sie das ewige Feuer, weil
5 alles verbrennen muss, was dahin kommt. Sie heißt die ewige Pein, weil ihre Qual kein Ende hat. Sie heißt die Verdammnis, weil ein Urteil über die Schuldigen gesprochen wird; sie heißt die Verderbnis, weil die Seelen einen Schaden leiden, der sich in alle Ewigkeit erstreckt. Zum andern willst du wissen, welche Qual die
10 Verdammten in der Hölle haben. In der Hölle wird Zittern und Zagen, Weinen, Schreien und Heulen, Schmerzen und Trübsal sein; aber ein Schmerz und Wehe wird größer sein als der andere, denn weil die Sünden ungleich sind, sind auch die Strafen ungleich. Die Verdammten werden klagen über die unleidliche Käl-
15 te, das unausstehliche Feuer, die unerträgliche Finsternis, über die ewige Qual, die Verzweiflung an allem Guten. Sie werden klagen mit weinenden Augen, knirschenden Zähnen, jammernder Stimme, zitternden Händen und Füßen. Sie werden vor Schmerzen ihre Zungen fressen, sich den Tod wünschen und sterben
20 wollen. Sie können aber nicht, denn der Tod wird vor ihnen fliehen, ihre Marter und Pein wird täglich größer und schwerer.
Zum Letzten willst du wissen, ob Gott die Verdammten wieder zu Gnaden aufnehme und ob sie zu Huld kommen können. Darauf antworte ich: Nein. Denn alle, die in der Hölle sind, müssen in
25 Gottes Zorn und Ungnade brennen, da keine Hoffnung nimmermehr ist. So wenig die Teufel in der Hölle hoffen können, zu Gnaden zu kommen, so wenig auch die Verdammten, und weder ihr Bitten, Seufzen noch Anrufen wird erhört werden. Da wird ihnen ihr Gewissen aufwachen und schlagen, z. B. ein Kaiser, ein König,
30 ein Kanzler, ein Minister wird klagen, wenn er nur nicht tyrannisch gewütet und hier im Leben so viel Gewalt verübt und Unrecht getan hätte, so wollte er wohl zur Huld Gottes kommen; ein Reicher, wenn er nur nicht solchen Aufwand getrieben hätte, sondern stattdessen die Not der Armen, der Vertriebenen und Flücht-
35 linge gelindert hätte, so könnte er noch auf Gnade hoffen. „Aber meine Sünden sind größer, als dass sie mir vergeben werden könnten; darum habe ich diese Marter wohl verdient", so werden

sie sagen. Und du, Fauste, du bist mein und gehörst auch in diesen Stall!", schloss Mephisto.

Da nahm Faust sich vor, doch noch umzukehren. Aber es fügte sich der Teufel in Gestalt einer schönen Frau zu ihm, da vergaß er,
5 dass er hatte Buße tun wollen. Aber nach einiger Zeit kehrten die Gedanken an Umkehr und Reue wieder. Da fragte er Mephisto: „Wenn du an meiner Statt als ein Mensch von Gott erschaffen wärest, was tätest du, um Gott und den Menschen zu gefallen?" Mephisto antwortete: „Wenn ich als ein Mensch erschaffen wäre
10 wie du, so wollte ich mich beugen vor Gott, solang ich menschlichen Atem hätte, und mich befleißen, dass ich Gott nicht zum Zorn wider mich bewegte. Ich würde seine Lehre, Gesetze und Gebote so viel wie möglich halten, ihn allein anrufen, loben, ehren und preisen, damit ich Gott gefällig und angenehm wäre und
15 wüsste, dass ich nach meinem Absterben die ewige Freude und Herrlichkeit erlangte." Hierauf sagte Dr. Faust: „Solches habe ich nicht getan." „Freilich", sprach Mephisto, „hast du es nicht getan, sondern deinen Schöpfer, der dir Sprache, Gesicht und Gehör gegeben hat, dass du seinen Willen verstehen und der ewigen Selig-
20 keit nachtrachten solltest, den hast du verleugnet, die herrliche Gabe deines Verstandes missbraucht, Gott und allen Menschen abgesagt und du hast niemandem die Schuld zu geben als deinem stolzen, frechen Mutwillen, durch den du dein bestes Kleinod verloren hast." „Was meinst du, wäre es wohl noch früh genug,
25 wenn ich mich jetzt besserte?", fragte Dr. Faust. „Es ist zu spät, Gottes Zorn ruht über dir", antwortete Mephisto. Da rief Dr. Faust: „Ach, was habe ich getan!" Mephisto antwortete: „Da siehe du zu!" und ging.

Dr. Faust als Naturforscher

Von den sinnlichen Genüssen hatte Faust nun genug. Er ekelte sich davor und widmete sich in den nächsten Jahren ausschließlich der geistigen Arbeit. Er stürzte sich mit Feuereifer auf die naturwissenschaftliche Forschung, insbesondere auf Geologie,
5 Astronomie und Astrologie. Mithilfe des Teufels bekam er heraus, dass die Erde nicht, wie man bis dahin meinte, der Mittelpunkt des Weltalls ist, sondern im Verein mit den übrigen Pla-

neten, mit Merkur, Venus, Mars, Jupiter, Saturn, Uranus, Neptun und Pluto im Laufe eines Jahres um die Sonne kreist. Faust erkannte, dass unser Sonnensystem nicht das einzige ist; er vermaß sich, die Unendlichkeit des Weltenraumes zu begreifen, mit Millionen und Abermillionen von Sonnen. Dann wollte er vom Teufel wissen, wie unsere Erde geworden sei, und der Teufel sagte, alle Planeten, die um die Sonne kreisten, seien eine große Familie, deren Mutter die Sonne selber sei. Unsere Erde sei aus demselben glühenden Ball entstanden, aus dessen Kern sich die Sonne entwickelt habe. Als feurige Masse habe sie die Sonne umkreist, und, nachdem sie den Mond geboren, habe sie sich abgekühlt und mit einer dunklen, festen Kruste überzogen, aber im Innern sei sie immer noch glutheiß. Danach untersuchte Faust die Entstehung des Windes und die der Tages- und Jahreszeiten. Er befasste sich so lange und eingehend mit diesen Dingen, bis er zuletzt das Wetter auf Tage, Wochen und Monate hinaus vorhersagen konnte, sodass die Leute auf die Minute genau wussten, wann es regnen oder schneien oder wann es ein Gewitter geben würde.

Dr. Fausts Weltfahrt

Nachdem Faust glaubte, über die Natur genugsam Bescheid zu wissen, gelüstete es ihn, den Lebenskreis der wissenschaftlichen Naturerforschung mit einem neuen zu vertauschen. Er wollte eine Weltfahrt machen. Zuerst wollte er die Städte und Länder Europas bereisen, dann den Himmel durchfliegen und zuletzt die Hölle besichtigen. Mephisto verwandelte sich in ein geflügeltes Pferd und fuhr also, wohin Dr. Faust ihn lenkte. Zuerst besah Faust sich die deutschen Städte: Hamburg, Bremen, Lübeck, Stettin, Danzig, Königsberg, Berlin, Magdeburg, Hannover, Münster, Köln und Aachen, Mainz, Frankfurt, Würzburg, Bamberg, Leipzig, Dresden, Nürnberg, Regensburg, München, Augsburg, Ulm und Straßburg. Danach wandte er sich gen Paris in Frankreich. Darauf kam er nach Rom in des Papstes Palast. Faust setzte sich auf das Kapitol und ließ sich die silbernen und goldenen Schüsseln und den besten Wein von des Papstes Tisch zufliegen und aß und trank.

Nachdem er dann noch Neapel, Florenz, Mailand und Venedig besichtigt hatte, fuhr er nach Konstantinopel und besah sich des türkischen Sultans Gewalt, Pracht und Hofhaltung. Er ließ sich in des Sultans Harem, darin er alle seine schönen Weiber hat, nieder
5 und nahm die Gestalt des Propheten Mohammed an. Als er hinweg war, kam der Türke in das Schloss und fragte die Weiber, wer dagewesen wäre. Sie sagten, es wäre der Prophet Mohammed selbst gewesen. Der Sultan nahm das als eine große Ehre an, die der Prophet ihm bezeigt hätte.

10 Dr. Faust aber fuhr über Ungarn wieder nach Hause und begehrte den Himmel zu durchfliegen. Da kam ein Wagen mit zwölf feurigen Drachen bespannt. Faust saß auf und die fliegenden Drachen führten ihn empor, siebenundvierzig Kilometer in die Höhe. Von da konnte Faust den ganzen Erdball überschauen. Asien,
15 Europa, Amerika und Afrika. Immer höher ging er hinauf, der Sonne zu, und Faust sah, dass sie, die von der Erde aus kaum einen Fassboden groß erscheint, mehr als eine Million Mal größer ist als die Erde. Es wurde so heiß, dass Faust fast verbrannt wäre, wenn Mephisto ihm nicht unaufhörlich kalte Luft zugeblasen hät-
20 te. Im Herabfahren sah Faust auf die Erde, die war in der umgebenden Lufthülle wie der Dotter im Ei.

Als er wieder zu Hause war, verlangte Faust in die Hölle und wieder herausgeführt zu werden. Da erschien um Mitternacht ein Teufel mit Namen Beelzebub, der hatte einen beinernen Sessel
25 auf dem Rücken. Dr. Faust setzte sich darauf und fuhr davon. Aber der Teufel führte ihn nicht in die wahre Hölle; denn er fürchtete, wenn Faust sähe, wie es darin zuging, würde er nicht mehr hinein wollen und sich doch noch zu Gott bekehren. Er fuhr mit ihm durch Feuer, das nicht brannte, sondern den Faust nur wie Maien-
30 luft anwehte; er warf ihn in eine finstere Kluft, worin er aber von einem alten runzligen Affen aufgefangen und errettet wurde. Er zeigte ihm eine große Höhle, darin gingen an einem wärmenden Feuer viele vornehme Leute spazieren, Kaiser und Könige, Bischöfe, Generäle, Minister, Junker, Professoren und Kaufherren.

Dr. Faust als Künstler am Kaiserhof

Aber auch diese Fahrten hatten Fausts Lebenshunger nicht gestillt. Es gelüstete ihn jetzt, eine große Rolle in der menschlichen Gesellschaft zu spielen, und zwar gleich in der vornehmsten, die es gibt, der des kaiserlichen Hofes. Also ließ er sich von Mephisto
5 nach Innsbruck bringen, wo Kaiser Karl V.[1], umgeben von Fürsten, Feldherren und Prälaten, Hof hielt. Da sah man nur Leute von Reichtum, Stand und Bildung, die bewegten sich in den feinsten höfischen Formen. Macht, Reichtum und Schönheit waren hier einen wunderbaren Bund eingegangen. Zu diesem glän-
10 zenden Leben verschaffte Faust sich Zugang, indem er sich als Künstler ausgab; denn er hatte gehört, dass sich die Kunst in diesem Kreise des besonderen Schutzes erfreue. Er wurde von Grafen und Freiherren wohl empfangen, dem Kaiser vorgestellt und zu Tisch geladen. Als die Tafel aufgehoben war, forderte der Kai-
15 ser Dr. Faust auf, der Hofgesellschaft eine Probe seiner Kunst zu geben. Faust sprach: „Ich besitze das Vermögen, alles Gedachte lebendig zu vergegenwärtigen." Da forderte der Kaiser, er sollte ihm Alexander den Großen[2] und seine Gemahlin beschwören; denn dieser größte Kaiser des Altertums sei für ihn der Inbegriff
20 kaiserlicher Majestät. Er habe ihn sich zum Vorbild genommen und denke Tag und Nacht daran, ihm gleich zu werden. Deshalb möchte er ihn jetzt sehen, wie er im Leben gewesen. Darauf ging Faust mit des Kaisers Erlaubnis hinaus, besprach sich mit Mephisto, kam wieder herein und sagte, der Wunsch des Kaisers solle
25 erfüllt werden, jedoch nur unter der Bedingung, dass niemand reden oder fragen solle. Das sagte der Kaiser zu. Da tat Dr. Faust die Tür auf und Kaiser Alexander trat herein in der Gestalt, die er im Leben gehabt: groß und prächtig, im vollen orientalischen Königsornat[3], mit Purpurmantel, Krone und Zepter. Ihm folgte sei-
30 ne Gemahlin: hold und schön, im blauen goldgestickten Samtmantel. Beide verneigten sich vor dem Kaiser. Da dachte Karl V., ich habe gelesen, dass Alexanders Gemahlin eine Warze im Na-

---

[1] deutscher Kaiser (1519–1556)
[2] König von Makedonien (336–323 v. Chr.)
[3] Festkleidung des Königs

cken gehabt, und ging hin, um zu sehen, ob er diese Warze auch an dem Bilde fände. Und siehe da: Sie fehlte nicht. Nun ging das beschworene Paar wieder hinaus. Faust aber wurde als großer Künstler von der Hofgesellschaft bewundert und gefeiert, weil er
5 ihr ihre Ideale lebendig vor Augen gestellt hatte.

Dr. Fausts Streiche

Bald hatte Faust jedoch das feine Hofleben satt und es verlangte ihn wieder nach Derberem. So trieb er sich einige Monate lang mit Gauklern, Kaufleuten, Landsknechten und fahrendem Volk aller Art durch das Land, um auf den Jahrmärkten die Leute an
5 der Nase herumzuführen. Einmal ritt er mit einem schönen Pferd auf einen Jahrmarkt, Pfeiffering[1] genannt. Da hatte er viel Käufer dafür. Zuletzt ward er's um 40 Gulden los und sagte dem Rosshändler, der es gekauft hatte, er dürfe es in keine Tränke reiten. Der Rosshändler wollte sehen, was es damit auf sich hätte,
10 und ritt in eine Schwemme[2]. Da verschwand das Pferd unter ihm und er saß auf einem Bündel Stroh im Wasser und wäre beinahe ertrunken. Der Rosshändler wusste, wo sein Verkäufer in der Herberge lag, ging zornig dahin und fand Dr. Faust schnarchend auf dem Bette liegen. Der Rosstäuscher[3] nahm ihn beim Fuß und
15 wollte ihn herabziehen, pardauz! da lag er auf dem Rücken und hielt den Fuß in der Hand. Dr. Faust aber fing an, Mordio zu schreien. Der Rosshändler machte sich aus dem Staube, so schnell er konnte, denn er meinte nicht anders, als er hätte dem Dr. Faust den Fuß ausgerissen. Sein Geld aber war er los. Einen
20 Hauptspaß machte sich Dr. Faust daraus, die Bauern und Händler, wenn sie in den vollen Wirtshäusern des Weines zu viel zu sich genommen hatten und mit Singen und Schreien ein solch Getümmel anhuben, dass keiner mehr sein eigen Wort verstehen konnte, zu verzaubern, dass sie alle in der Stellung, in der sie sich
25 gerade befanden, erstarrten. Allen standen die Mäuler auf das

---

[1] erfundener Ort (kommt auch im Roman „Doktor Faustus" von Thomas Mann vor)
[2] flache Stelle am Ufer, an der das Vieh ins Wasser getrieben wird
[3] Pferdehändler

Weiteste offen und keiner konnte seines mehr zubringen. Wie sie
gingen und standen, so mussten sie bleiben, so lange es dem Dr.
Faust gefiel.

Dr. Faust als Professor in Erfurt

Nach einiger Zeit verlangte jedoch Fausts ewig unruhiger Geist
nach neuer Nahrung und Beschäftigung. Deshalb ließ er sich als
Professor in Erfurt nieder. Statt aber mit Fleiß die Propheten,
Apostel und Kirchenväter zu studieren und den jungen Men-
5 schen auszulegen, wandte er sich mit gänzlich verweltlichtem
Sinn dem Studium der heidnischen Schriftsteller zu. Er war ein
gewandter Redner und das Weltmännische seines Benehmens
riss die Studenten zu heller Begeisterung hin. Er verführte die
jungen Leute außerdem zu heidnischer Verehrung der Schönheit
10 der menschlichen Gestalt, so sehr, dass sie nicht nachließen, ihn
zu bestürmen, die schöne Helena von Griechenland, um derent-
willen die Stadt Troja zerstört wurde, heraufzubeschwören. „Ihr
mögt sie sehen", sprach Faust, „in der Gestalt, wie sie im Leben
gewesen ist." Er verbot den Studenten zu reden oder aufzustehen
15 und ging zur Stube hinaus. Als er wieder hereintrat, folgte ihm
die Königin Helena auf dem Fuße nach, und sie war so schön,
dass die Studenten von Sinnen gerieten. Dann ging Helena mit
Faust wieder zur Stube hinaus. Faust aber lud großzügig alle Studenten in sein Haus. Als sie kamen, sahen sie weder zu essen
20 noch zu trinken. Als alle beisammen um den Tisch saßen, klopfte
Faust mit einem Messer darauf, da kamen behände Diener, die
deckten geschwind den Tisch und brachten silberne Schüsseln,
darin waren die herrlichsten Speisen von Wildbret, Vögeln, Fi-
schen, Pasteten, Gemüsen, dazu Obst, Konfekt und Kuchen. Die
25 Becher wurden leer auf den Tisch gestellt, Faust aber bohrte rasch
vor jedem Gast an den Rand der Tischplatte ein kleines Loch,
stopfte ein Pflöcklein hinein und sagte: „Wenn ihr trinken wollt,
braucht ihr nur das Pflöcklein zu ziehen und zu sagen: Burgunder, Bordeaux, Malvasier, Tokayer, Rheinwein oder Mosel, je nach-
30 dem, welche Sorte ihr bevorzugt." Die Studenten taten, wie er
sagte, hielten ihre Gläser vor die Löcher und aus dem dürren
Holze sprudelte der köstlichste Wein. Alsbald vernahm man die

Klänge einer unsichtbaren Kapelle, die spielte, dass kein Mensch
sein Lebtag so Liebliches gehört. Nichts fehlte von allem, was zur
Fröhlichkeit dienen kann. Bis zum Morgen zechte Faust mit seinen Studenten und unterhielt sie, indem er ihnen auf das Leben-
5 digste von seinen Weltfahrten erzählte. Und sie erachteten es alle
für ein großes Glück, eines solchen welterfahrenen Mannes
Schüler zu sein.

So kam das vierundzwanzigste Jahr heran. Aber Faust dachte immer noch nicht daran, der Welt zu entsagen und sich um das
10 Drüben zu kümmern. Im Gegenteil, die Schönheit der Helena
hatte seine Lebenslust neu entzündet. Er begehrte sie mit aller
Heftigkeit von Mephisto zum Weibe. Mephisto erfüllte den
Wunsch. Helena kam zu Faust und gebar ihm sogar einen Knaben. Der konnte schon gleich nach der Geburt sprechen und er-
15 zählte seinem Vater viel zukünftige Dinge, die in allen Landen
geschehen sollten.

Fausts Wehklage

Nun kam der letzte Monat seiner vierundzwanzig Jahre heran. Da
fing Faust an zu klagen, der Teufel hätte ihn betrogen. Mephisto
aber sprach: „Ich weiß nicht, was du willst. Habe ich etwa mein
Versprechen nicht gehalten? Alle Lebenskreise, die es gibt, hast
5 du durch meine Hilfe ausschöpfen können. Ich habe die größten
Schätze für dich gestohlen. Täglich habe ich dich mit den üp-
pigsten Speisen, den besten Weinen, den teuersten Kleidern, den
schönsten Frauen versorgt. Alle Genüsse dieser Erde habe ich
dich kosten lassen. Die höchsten Geistesfreuden habe ich dir ver-
10 schafft. Das Glück des Forschers, dem neue Erkenntnisse über
die Natur aufgehen, das Entzücken des Literatur- und Kunsthisto-
rikers, dem die Wiederentdeckung antiker Literatur und Kunst
gelingt, den Rausch des Künstlers, dem das Geschenk, die schönsten Gestalten, die Menschen sich denken können, vor ihren Au-
15 gen lebendige Wirklichkeit werden zu lassen, zuteil wird. Dann
habe ich dir die Schönheit aller europäischen Länder gezeigt, alles durftest du anschauen, was jemals menschliche Kunst geschaffen hat. Und sogar durch den Himmel habe ich dich fliegen
lassen. Ich habe dich berühmt gemacht bei allen Ständen deines

Volkes. In der kaiserlichen Hofgesellschaft bist du gefeiert worden. Bürger, Bauern und fahrende Leute erzählen voller Ergötzen
von deinen Streichen. Die Studenten vergöttern dich. Und zuletzt
habe ich dir die schönste Frau, die je die Erde trug, verschafft. Ist
5 das alles nichts? Du hast immerzu zugegriffen in deiner unersätt-
lichen Gier und Gefräßigkeit. Immer wolltest du etwas Neues
und anderes haben. Du konntest nie genug bekommen. Und
nun, wo es ans Bezahlen geht, kommst du mir so. Hast du dir
etwa eingebildet, man könnte die ganze Welt umsonst ausplün-
10 dern?"

„Was ist denn das schon, was du mir gabst", erwiderte Faust, „alle
diese Dinge sind doch nicht wert, dass ich dafür in alle Ewigkeit
der Hölle Qualen leide. Wenn ich gewusst hätte, dass du nicht
mehr zu bieten hast, nimmer wäre ich den Pakt mit dir eingegan-
15 gen. Um das Beste, was es auf Erden gibt, hast du mich betrogen:
Um die Liebe zu Gott und den Mitmenschen hast du mich gebracht; und das ist doch das Einzige, wofür das Leben sich lohnt.
Mein Herz ist leer geblieben, bei allen Genüssen; denn es steht
geschrieben: ‚Wenn ich mit Menschen- und mit Engelszungen
20 redete und hätte der Liebe nicht, so wäre ich ein tönend Erz und
eine klingende Schelle. Und wenn ich weissagen könnte und
wüsste alle Geheimnisse und alle Erkenntnisse und hätte allen
Glauben, also dass ich Berge versetzte, und hätte der Liebe nicht,
so wäre ich nichts.'[1] Was hilft mir nun alle meine Erkenntnis, ich
25 habe mein bestes Teil, meine Seele, verloren. Ach Leid über Leid,
Jammer über Jammer, Ach und Weh! Wer wird mich erlösen, wohin soll ich fliehen?"

Spöttisch sprach Mephisto: „Wie gut du die Heilige Schrift kennst!
Wer den Willen des Herrn weiß und tut ihn nicht, der wird zwei-
30 fach bestraft. Du hast das alles in den Wind geschlagen und bist
von Gott abgefallen, darum für dich keine Entschuldigung sein
soll."

Da hub Dr. Faust wiederum an zu klagen: „Ach, ach, ich unseliger
Mensch, ach, ach, Vernunft, Mutwille, Vermessenheit und freier
35 Wille! Oh, du verfluchtes Leben! O zeitliche Lust, in welche Müh-

---

[1] 1. Brief des Apostels Paulus an die Korinther 13,1

seligkeit hast du mich geführt, dass du meine Augen sogar verblendet und verdunkelt hast! Oh, du meine betrübte Seele, wo ist
nun deine Erkenntnis? Wo soll ich mich verbergen?" So jammerte
Faust, bis er vor lauter Kümmernis nichts mehr reden konnte.

5 „Hättest du Gott vor Augen gehabt und dich mit den Gaben, die
er dir verliehen, genügen lassen, so brauchtest du jetzt nicht zu
klagen", sagte Mephisto kaltblütig.

> „Weißt du was, so schweig.
> Ist dir wohl, so bleib.
10 > Hast du was, so behalt,
> Unglück kommt bald.
> Drum schweig, leid, meid und vertrag.
> Dein Unglück niemand klag.
> Es ist zu spät, an Gott verzag,
15 > Dein Unglück kommt alle Tag."

Nachdem Mephisto dem Faust dieses Lied gesungen, ließ er ihn
allein.

Dr. Fausts schreckliches Ende

Als die vierundzwanzig Jahre herum waren, erschien Mephisto
wieder und kündigte Faust an, dass der Teufel ihn in der nächsten
Nacht holen werde. Dr. Faust ging nun mit seinen Magistern und
Studenten in das Dorf Rimlich[1]. Dort lud er sie in einem Wirts-
5 haus zum Nachtmahl ein. Als der Schlaftrunk auch geschehen
war, bezahlte Dr. Faust dem Wirte und bat die Studenten, sie
möchten mit ihm in eine andere Stube gehen; er wolle ihnen etwas Wichtiges sagen. Das geschah. Dr. Faust sprach also zu ihnen: „Meine lieben, vertrauten und günstigen Herren! Warum
10 ich euch berufen habe, ist dies, dass euch seit vielen Jahren bewusst ist, was ich für ein Mann war, in Zauberei und vielen Küns-

---

[1] Rimlich: lt. Volksbuch „ein halb Meile Wegs von Wittenberg gelegen"
(nicht nachweisbar); zit. nach: Historia von D. Fausten. Text des Druckes
von 1587. Kritische Ausgabe, hrsg. von Stephan Füssel und Hans Joachim
Kreutzer. Stuttgart: Reclam 1996, S. 119

ten erfahren, welche aber nirgends anders her, denn vom Teufel gekommen, zu welcher teuflischen Lust mich auch niemand gebracht als die böse Gesellschaft, die mit dergleichen umging, danach aber mein unwertes Fleisch und Blut, mein halsstarriger gottloser Wille und die hochfliegenden teuflischen Gedanken, welche ich mir fürgesetzt, wofür ich mich dem Teufel versprechen müssen, nämlich Leib und Seele nach vierundzwanzig Jahren. Nun sind diese Jahre zu Ende gelaufen und steht mir das Stundenglas[1] vor den Augen, dass ich gewärtig sein muss, wenn es ausläuft, dass er mich holen wird. Darum habe ich euch, freundliche, günstige, liebe Herren, vor meinem Ende zu mir gerufen und mit euch einen Trunk zum Abschied tun wollen und euch mein Hinscheiden nicht verbergen. Bitte euch nunmehr, ihr wollet alle die Meinen und die meiner im Guten gedenken, brüderlich und freundlich grüßen, daneben mir nichts für übel halten und wo ich euch jemals beleidigt, mir solches herzlich verzeihen. Und lasst euch mein gräulich Ende euer Lebtag ein Vorbild und eine Erinnerung sein und wollet Gott vor Augen haben und ihn bitten, dass der euch vor des Teufels List und Betrug behüten und nicht in Versuchung führen wolle. Dagegen hanget ihm an und fallet nicht von ihm ab wie ich gottloser und verdammter Mensch, der ich abgesagt habe der Taufe, dem Sakrament Christi, Gott selbst, den Menschen und allem himmlischen Heer. Einem solchen Gott, der nicht begehrt, dass einer sollte verloren werden. Lasst euch durch böse Gesellschaft nicht verführen, wie es mir begegnet ist, besucht fleißig und emsig die Kirchen, siegt und streitet allezeit wider den Teufel, mit gutem Glauben an Christum und gottseligem Wandel.

Endlich und zum Beschluss ist meine freundliche Bitte, ihr wollet euch zu Bett begeben, mit Ruhe schlafen und euch nichts anfechten lassen[2]; auch wenn ihr ein Gepolter und Ungestüm im Hause hört, wollet ihr darob nicht erschrecken: Es soll euch kein Leid widerfahren; wollet auch vom Bett nicht aufstehen, und so ihr meinen Leib tot findet, ihn zur Erde bestatten lassen. Denn ich

---

[1] Sanduhr
[2] euch durch nichts stören lassen

sterbe als ein böser und guter Christ: ein guter Christ, darum, dass ich eine herzliche Reue habe und im Herzen immer um Gnade bitte, damit meine Seele möchte errettet werden; ein böser Christ, weil ich weiß, dass der Teufel meinen Leib will haben und ihm den gerne lassen will, ließe er mir nur meine Seele zufrieden. Hierauf wünsche ich euch eine gute Nacht; mir aber eine ärgerliche, böse und erschreckliche."

Als die Studenten die Rede vernommen hatten, sagten sie zu ihm, sie wollten mit ihm beten. Aber Faust sagte immer nur, dass seine Sünden größer wären, denn dass sie ihm verziehen werden möchten. Da weinten die Studenten, umarmten Faust, segneten ihn und ließen ihn allein in der Stube.

Zwischen zwölf und ein Uhr in der Nacht erhob sich ein großer ungestümer Wind gegen das Haus, als ob er es zu Boden reißen wollte. Die Studenten, die nahe bei der Stube wachten, darin Dr. Faust war, hörten ein gräuliches Pfeifen und Zischen. Da ging Dr. Fausts Stubentüre auf, sie hörten ihn um Hilfe schreien, aber nur eine kurze Zeit. Bald danach hörte man ihn nicht mehr.

Als es Tag ward, gingen die Studenten in die Stube, darin Dr. Faust gewesen war. Sie fanden aber keinen Faust mehr und nichts als die Stube voller Blut gespritzt und das Hirn an den Wänden klebend, weil ihn der Teufel von einer Wand zur andern geschlagen hatte. Seinen Leib, welcher gräulich zugerichtet war, fanden sie zuletzt draußen auf dem Miste liegen. Sie begruben ihn in dem Dorfe, wie sie es versprochen hatten. Dann zogen sie wieder zur Stadt. Die schöne Helena aber und ihr Kind wurden nicht mehr gesehen.

Also endet die wahrhaftige Historie von Dr. Faust, daraus ein jeder Christ, sonderlich aber die, die eines hoffärtigen, stolzen, fürwitzigen und trotzigen Sinnes sind, lernen mag, Gott zu fürchten, Zauberei, Beschwörung und ander Teufelswerk zu fliehen, so Gott ernstlich verboten hat, und den Teufel nicht zu Gast zu laden noch ihm Raum zu geben, wie Dr. Faust getan hat, indem uns hier ein erschrecklich Beispiel an seiner Verschreibung vorgebildet ist. Gott allein vor Augen zu haben, ihn allein anzubeten, ihm zu dienen und ihn zu lieben von ganzem Herzen und ganzer Seele und von allen Kräften und dagegen dem Teufel und seinem

Johann Faust. Sagengestalt nach Vorbild des Jörn Georg Faust (um
1480–1536/39). Titelblatt eines Faust-Buchs von 1725

Anhang abzusagen und mit Christo ewig selig zu werden: Das
wünsche ich einem jeden von Grund meines Herzens. Amen.

Babette Berg: Dr. Faust – Magier oder Scharlatan?

Gebannt starren die Bürger im „Handelshof" in Leipzig auf den
Mann in der grauen Kutte. Der hoch gewachsene Fremde steht am
Tischende. Er hat beschwörend die Hände erhoben. Der Reihe
nach sieht er jeden Einzelnen in der Runde an. Dann hebt er sei-
5 nen Kelch: „Jetzt wird jeder trinken, was er sich gewünscht hat!"

Man prostet ihm zu. Ganz langsam sind die Bewegungen der Leute. So, als seien sie in einer Art Wachschlaf versunken. Nun nimmt jeder einen Schluck aus seinem Becher. Dann reden die Stammtischbrüder wirr durcheinander: „Ein guter Tokaier, das",
5 sagt einer. „Nein, französischer Rotwein", entgegnet der andere. „Unsinn", schreit ein Dritter dazwischen, „ich trinke bestes Bier!" Wieder prostet man sich zu. Da verschüttet einer einen Schluck. Und kaum platscht der zu Boden, zischt eine gewaltige Stichflamme auf und es kracht wie bei einer Explosion!

Trickdieb aus dem Mittelalter

Der Mann im Mönchsgewand hieß Jörg Georg Faust (1480 bis 1539). Er selbst gab sich später den Namen Johannes Faustus, manche nannten ihn auch Faust von Knittlingen. Im Mittelalter war man mit Namen nicht so genau. Mit Titeln auch nicht. Da-
5 rum setzte Johannes Faustus auch noch einen schmückenden „Doktor" vor seinen Namen. An Universitäten aber hat er sein Geld nicht verdient, sondern auf viel abenteuerlichere Weise: mit Hypnose und Taschenspielertricks! Seine Opfer freilich waren sicher, der Doktor Faust sei mit dem
10 Teufel selbst im Bund!

Dass der Schwindler aus dem Mittelalter bis heute berühmt ist, verdankt er der Fantasie der Dichter. Schon kurz nach seinem Tod erschienen
15 Bücher über sein Leben und seinen Pakt mit dem Teufel namens Mephisto. Das berühmteste Werk über ihn aber erschien 1790. Es hieß schlicht „Faust", war verfasst von einem ge-
20 wissen Goethe – und sollte den Titelhelden unsterblich machen!

Mit der Wirklichkeit aber hatte Goethes „Faust" nichts zu tun.

Dr. Faust in der Volkssage

Denn in dem berühmten Stück studierte unser Held ja lange,
bevor er den Pakt mit dem Teufel schloss, der ihn belehrte: „Grau,
lieber Freund, ist alle Theorie und grün des Lebens goldner
Baum."

5 Der historische Faust aber war nie Theoretiker gewesen. Sein
Wissen über Medizin, Theologie und Sternkunde, mit dem er immer
wieder verblüffte, hat er sich wohl im Selbststudium angeeignet.
Und sein Ziel war nicht, die Menschen zu belehren – sondern
zu übertölpeln! Aus dem braven Bürgersohn aus Knittlingen
10 (Baden-Württemberg) war schon früh ein gerissener Trickdieb
geworden.

Am besten kannte sich Faust mit der Hypnose aus. Er konnte
seine Opfer in eine Art Wachschlaf versetzen. Und in eben diesem
Zustand ließen sich die Stammtischbrüder in Leipzig einre-
15 den, das Wasser in ihrem Becher sei bester französischer Wein
oder leckeres Bier! Und auch die explodierenden Tropfen gab es
nur in ihrer Vorstellung!

Für uns heute ist die Hypnose nichts Geheimnisvolles mehr.
Krankheiten und nervöse Störungen werden damit behandelt.
20 Im Mittelalter aber glaubten die Leute an böse Geister und
Dämonen. Und wenn Faust sie mit ein paar lateinischen Bro-
cken in Trance versetzen konnte, musste er überirdische Kräfte
besitzen.

Doktor Fausts Schwindel-Tournee

Der kluge Gauner wusste das. Er ließ Komplizen das Gerücht aus-
streuen: Faust hat mit dem Teufel einen Pakt geschlossen! Und
der erfüllt dem Doktor jeden Wunsch – was immer es sei!

Alle sprachen nun ängstlich von Faust. Manche schimpften über
5 ihn. Und einige fragten auch um Rat. Etwa so: „Wie kann ich
meinem bösen Nachbarn schaden?" Oder: „Gibt es für meine Geliebte ein Zaubertränklein, damit sie mich erhört?" Vielleicht
auch: „Mach mich reich!" Und der Doktor war gern behilf-
lich – gegen Bargeld natürlich! Wem er half, der rühmte ihn über-
10 schwänglich. Die Übrigen schwiegen still: Sie wollten zum Schaden nicht auch noch den Spott ernten ...

Bald ist der Hexenmeister im ganzen Land bekannt. In Erfurt verdunkelt er ein Lokal – und die Gäste sehen die Helden des Krieges um Troja vor sich! In Wittenberg zaubert er den Teufel an die Wand! Auf großen Märkten sagt er aus seiner Kristallkugel die
5 Ernteergebnisse voraus. – Und er ist im Allgemeinen verschwunden, wenn seine Aussagen überprüfbar werden. Selten kommt er in eine Stadt oder in ein Dorf zurück, das er einmal aufgesucht hat ...

Nachts, als der Teufel kam ...

Nach einer langen erfolgreichen Gaunerlaufbahn soll den Doktor dann im württembergischen Staufen wirklich der Teufel geholt haben. Die Inschrift an einem Haus der Gemeinde erinnert noch heute daran, dass in einer Nacht des Jahres 1539 großer Lärm aus
5 dem Zimmer des Faust gedrungen sei. Eine Geisterstimme habe gedonnert: „24 Jahre hab ich dir gedient, nun gib mir deine Seele!" Dann ein grauenvolles Knacken. Als der Wirt zitternd die Kammer betrat, lag der Doktor tot auf seinem Bett – und der Teufel hatte ihm das Gesicht auf den Rücken gedreht.
10 Wie man aber Faust kennt, hat der wohl eher die Zeche geprellt und ist spurlos verschwunden. Und der blamierte Wirt hat seinen Mitbürgern lieber dieses Märchen aufgetischt. – Im viel besuchten Staufen lebt man noch immer ganz gut davon. Dem Doktor hätte das sicher gefallen...

Aus: Treff Jugendbuch 1995. Seelze: Velber 1995, S. 126–127

3. Was ist eine Sage?

Manche Sagen ähneln ein wenig den Märchen und nicht selten sind die Grenzen zwischen diesen beiden Textarten verschwimmend. Wie die Volksmärchen wurden auch die Volkssagen mündlich im Volk überliefert. Aber sie sind wesentlich kürzer als die meisten Märchen und umfassen oft nur wenige Sätze. Die kürzeste Sage in der Sammlung der Brüder Grimm ist beispielsweise nur drei Zeilen lang. Aber gerade in der Kürze liegt eine meist sehr genaue Aussage. Sagen sind häufig an ganz bestimmte Orte gebunden und oft auch zeitlich genau festgelegt. Während im Märchen der Schluss unbestimmt offen bleibt („... und wenn sie nicht gestorben sind ..."), gibt die Sage dagegen eine bestimmte abschließende Auskunft („... und nach drei Tagen ist er gestorben"). Mit solchen Angaben erhob die Sage Anspruch darauf, ernst genommen zu werden. Es gab Sagen, die ihre Zuhörer einfach nur unterhalten wollten und deshalb auch etwas breiter ausgestaltet waren (die moderne Wissenschaft nennt sie Fabulat-Sagen), andere dagegen beschränkten sich auf den knappen Bericht über ein ganz bestimmtes Ereignis, etwa die Begegnung mit einem Toten auf dem Friedhof oder einem Gespenst, vor dem gewarnt wird. Sie werden als Glaubens- oder Erlebnissagen (Memorat-Sagen) bezeichnet.

Da man die uns bekannten Sagen verhältnismäßig leicht inhaltlichen Gruppen zuordnen kann, wurden weitere Untergruppen festgelegt. Auf der einen Seite gibt es die dämonischen Sagen, die sich mit Gespenstern, Riesen, Zwergen, mit Drachen und Werwölfen, lebenden Toten, Hexen und Wassermännern beschäftigen. Eine weitere Gruppe bilden die historischen oder Wissens-Sagen. Sie berichten sehr genau von tatsächlichen oder angeblichen geschichtlichen Ereignissen, von Schlachten, Kriegen, Hungersnöten oder Seuchen. Die bekannte Sage von den Weibern zu Weinsperg gehört hierher. Aber auch die vielen Sagen um historische Persönlichkeiten, um Kaiser und Könige (z.B. die Sage von Kaiser Barbarossa im Kyffhäuser), aber auch um Raubritter und andere Räuber (z.B. Eppelein von Gailingen). Wenn es

sich bei den Personen um Heilige oder besonders fromme Menschen handelt, wie etwa in der Geschichte von der Feuerprobe der Kaiserin Kunigunde oder dem Rosenwunder der Elisabeth, dann ordnen wir diese Geschichten den Legenden zu. Die dritte wich-
5 tige Gruppe bilden die ätiologischen (Ätiologie = Kenntnis der Ursache) oder Erklärungssagen, die überall dort entstanden, wo man eine unerklärliche Erscheinung in der Natur, bei Menschen oder Tieren zu erklären versuchte. (So deutete man die Überreste des römischen Limes[1] als eine vom Teufel geschaffene Mauer.)
10 Im Gegensatz zu den Volkssagen, von denen es allein im deutschen Sprachraum mehrere tausend gibt, berichten die sogenannten Göttersagen oder Mythen aus der Frühzeit der Völker, vom Ursprung der Welt und von den Göttern. Deshalb ordnen wir solche Sagen auch dem großen Bereich der „Mythologie" zu.
15 Unter diesem Begriff verstand man ursprünglich den Vortrag von überlieferten heiligen Berichten. Heute dagegen gilt er für alle aufgezeichneten Aussagen über die Götterwelt und die Religionen der Völker. Aus solchen Mythen erwuchsen verschiedentlich auch die „Heldensagen", da der Vorstellung nach Helden wie
20 die Griechen Herakles und Perseus von den Göttern abstammten. Im deutschen Sprachraum gehen die meisten Heldensagen, wie etwa die Sage von Siegfried, auf Sagen und Überlieferungen der Völkerwanderungszeit zurück. Im Gegensatz zu den Volkssagen wurden die Heldensagen von Dichtern in den Heldenepen
25 nachgestaltet. Dazu gehören das Nibelungenlied oder das Gudrunlied (Ritterliche Dichtung) und in Skandinavien die Edda. Aus dem Französischen kommen die Sagen um den Gral und um König Artus, die heute sehr beliebte Vorbilder für Fantasy-Geschichten geworden sind.

Aus: dtv junior Literatur-Lexikon. Hrsg. von Heinrich Pleticha. Berlin und München: Cornelsen Verlag und Deutscher Taschenbuch Verlag, 1986, S. 72–73

4. Eine Sage schreiben

Wenn du Interesse daran hast, selbst einmal eine Sage zu schreiben, findest du hier einige Tipps, die dir helfen.

Wenn du noch keine Schreibidee hast, schau dir die Möglichkeiten an, die im Anschluss an diesen Text abgedruckt sind.

Hast du dich für eine Idee entschieden, solltest du nicht gleich losschreiben, sondern deinen Text zunächst einmal planen. Überlege dir Antworten auf folgende Fragen und schreibe sie stichwortartig auf.

- Welche Art von Sage möchtest du aufschreiben? Eine Geistersage, eine historische Sage, die von einem tatsächlichen Ereignis erzählt, eine Erklärungssage, die eine ungewöhnliche Erscheinung in der Natur, bei Menschen oder Tieren zu erklären versucht, eine Göttersage oder eine Heldensage ...?
- An welchen Orten findet das Geschehen statt?
- Welche Personen oder welche weiteren Wesen kommen in deiner Sage vor?
- Welche Eigenschaften sollen diese haben?
- Kannst du in Stichworten aufschreiben, wie die Handlung verlaufen soll?

Wenn du dir entsprechende Notizen gemacht hast, kann es losgehen. Wichtig ist natürlich, dass du eine interessante Einleitung findest. Kennst du zum Beispiel konkrete Jahreszahlen oder Ortsangaben, auf die du hinweisen kannst? Was sieht der interessierte Betrachter vielleicht heute noch von dem, was einmal passiert ist? Kannst du auf eine Abbildung hinweisen, die du in einem Buch oder einer Zeitschrift gefunden hast, oder erzählt „man" sich das, was du aufschreiben möchtest, in einer bestimmten Gegend? Vielleicht kannst du die Darstellung auch durch eigene Zeichnungen oder vorhandene Abbildungen veranschaulichen.

Die Externsteine sind eine Gruppe von Sandsteinfelsen (bis 38 m hoch) in der Nähe der Stadt Horn im Teutoburger Wald

Und hier sind nun einige Ideen, aus denen du auswählen kannst:

1. Wie Blitz und Donner entstanden sind – Eine sagenhafte Erklärung
2. Die Entstehung der Externsteine im Teutoburger Wald
3. Wie der Vulkan Ätna entstanden ist
Der Ätna ist der größte noch tätige Vulkan Europas (3370 m). Er liegt an der Ostküste der Insel Sizilien und besitzt einen 300 m hohen Zentralkegel sowie zahlreiche Nebenkrater.
4. Erzähle in Form einer Sage, wie ein Fluss aus deiner Gegend entstanden ist.
5. Kennst du eine Burgruine? Schreibe auch dazu eine Sage.
6. In deiner Nähe gibt es sicher ein freies Feld. Erzähle, warum die Menschen diesen Platz früher gemieden haben.

Der Ätna auf Sizilien